DOÑA BERTA

LEOPOLDO ALAS «CLARÍN»

CAPÍTULO I

Hay un lugar en el Norte de España adonde no llegaron nunca ni los romanos ni los moros; y si doña Berta de Rondaliego, propietaria de este escondite verde y silencioso, supiera algo más de historia, juraría que jamás Agripa, ni Augusto, ni Muza, ni Tarick habían puesto la osada planta sobre el suelo, mullido siempre con tupida hierba fresca, jugosa, obscura, aterciopelada y reluciente, de aquel rincón suyo, todo suyo, sordo, como ella, a los rumores del mundo, empaquetado en verdura espesa de árboles infinitos y de lozanos prados, como ella lo está en franela amarilla, por culpa de sus achaques.

Pertenece el rincón de hojas y hierbas de doña Berta a la parroquia de Pie del Oro, concejo de Carreño, partido judicial de Gijón; y dentro de la parroquia se distingue el barrio de doña Berta con el nombre de Zaornín, y dentro del barrio se llama Susacasa la hondonada frondosa, en medio de la cual hay un gran prado que tiene por nombre Aren. Al extremo Noroeste del prado pasa un arroyo orlado de altos álamos, abedules y cónicos humeros de hoja obscura, que comienza a rodear en espiral el tronco desde el suelo, tropezando con la hierba y con las flores de las márgenes del agua.

El arroyo no tiene allí nombre, ni lo merece, ni apenas agua para el bautizo; pero la vanidad geográfica de los dueños de Susacasa lo llamó desde siglos atrás el río, y los vecinos de otros lugares del mismo barrio, por desprecio al señorío de Rondaliego, llaman al tal río el regatu, y lo humillan cuanto pueden, manteniendo incólumes capciosas servidumbres que atraviesan la corriente del cristalino huésped fugitivo del Aren y de la llosa; y la atraviesan ¡oh sarcasmo!, sin necesidad de puentes, no ya romanos, pues queda dicho que por allí los romanos no anduvieron; ni siquiera con puentes que fueran troncos huecos y medio podridos, de verdores redivivos al contacto de la tierra húmeda de las orillas. De estas servidumbres tiranas, de ignorado y sospechoso origen, democráticas victorias sancionadas por el tiempo, se queja amargamente doña Berta, no tanto porque humillen el río, cruzándole sin puente (sin más que una piedra grande en medio del cauce, islote de sílice, gastado por el roce secular de pies desnudos y zapatos con tachuelas), cuanto porque marchitan las más lozanas flores campestres y matan, al brotar, la más fresca hierba del Aren fecundo, señalando su verdura inmaculada con cicatrices que lo cruzan como bandas un pecho; cicatrices hechas a patadas. Pero dejando estas tristezas para luego, seguiré diciendo que más allá y más arriba, pues aquí empieza la cuesta, más allá del río que se salta sin puentes ni vados, está la llosa, nombre genérico de las vegas de maíz que reúnen tales y cuales condiciones, que no hay para qué puntualizar ahora; ello es que cuando las cañas crecen, y sus hojas, lanzas flexibles, se columpian ya sobre el tallo, inclinadas en graciosa curva, parece la llosa verde mar agitado por las brisas. Pues a la otra orilla de ese mar está el palacio, una casa blanca, no muy grande, solariega de los Rondaliegos, y ella y su corral, quintana, y sus dependencias, que son: capilla, pegada al palacio, lagar (hoy convertido en pajar), hórreo de castaño con pies de piedra, pegollos, y un palomar blanco y cuadrado, todo aquello junto, más una cabaña con honores de casa de labranza, que hay en la misma falda de la loma en que se apoya el palacio, a treinta pasos del mismo; todo eso, digo, se llama Posadorio.

CAPÍTULO II

Viven solas en el palacio doña Berta y Sabelona. Ellas y el gato, que, como el arroyo del Aren, no tiene nombre porque es único, el gato, su género. En la casa de labor vive el casero, un viejo, sordo como doña Berta, con una hija casi imbécil que, sin embargo, le ayuda en sus faenas como un gañán forzudo, y un criado, zafio siempre, que cada pocos días es otro; porque el viejo sordo es de mal genio, y despide a su gente por culpas leves. La casería la lleva a medias. Aun entera valdría bien poco; el terreno tan verde, tan fresco, no es de primera clase, produce casi nada: doña Berta es pobre, pero limpia, y la dignidad de su señorío casi imaginario consiste en parte en aquella pulcritud que nace del alma. Doña Berta mezcla y confunde en sus adentros la idea de limpieza y la de soledad, de aislamiento; con una cara de pascua hace la vida de un muni... que hilara y lavara la ropa, mucha ropa, blanca, en casa, y que amasara el pan en casa también. Se amasa cada cinco o seis días; y en esta tarea, que pide músculos más fuertes que los suyos y aun los de la decadente Sabel, las ayuda la imbécil hija del casero; pero hilar, ellas solas, las dos viejas: y cuidar de la colada, en cuanto vuelve la ropa del río, ellas solas también. La huerta de arriba se cubre de blanco con la ropa puesta a secar, y desde la caseta del recuesto, que todo lo domina, doña Berta, sorda, callada, contempla risueña, y dando gracias a Dios, la nieve de lino inmaculado que tiene a los pies, y la verdura, que también parece lavada, que sirve de marco a la ropa, extendiéndose por el bosque de casa, y bajando hasta la llosa y hasta el Aren; el cual parece segado por un peluquero muy fino, y casi tiene aires de una persona muy afeitada, muy jabonada y muy olorosa. Sí. Parece que le cortan la hierba con tijeras y luego lo jabonan y lo pulen: no es llano del todo, es algo convexo, se hunde misteriosamente allá hacia los humeros, al besar el arroyo; y doña Berta mil veces deseó tener manos de gigante, de un día de bueyes cada una, para pasárselas por el lomo al Aren, ni más ni menos que se las pasa al gato. Cuando está de mal humor, sus ojos, al contemplar el prado, se detienen en las dos sendas que lo cruzan; manchas infames, huellas de la plebe, de los malditos destripaterrones que, por envidia, por moler, por pura malicia, mantienen sin necesidad, sin por qué ni para qué, aquellas servidumbres públicas, deshonra de los Rondaliegos.

Por aquí no se va a ninguna parte; en Zaornín se acaba el mundo; por Susacasa jamás atravesaron cazadores, ejércitos, bandidos, ni pícaros delincuentes; carreteras y ferrocarriles quédanse allá lejos; hasta los caminos vecinales pasan haciendo respetuosas eses por los confines de aquella mansión embutida en hierba y follaje; el rechino de los carros se oye siempre lejano, doña Berta ni lo oye... y los empecatados vecinos se empeñan en turbar tanta paz, en manchar aquellas alfombras con senderos que parecen la podre de aquella frescura, senderos en que dejan las huellas de los zapatones y de los pies desnudos y sucios, como grosero sello de una usurpación del dominio absoluto de los Rondaliegos. ¿Desde cuándo puede la chusma pasar por allí? «Desde tiempo inmemorial», han dicho cien veces los testigos. «¡Mentira! —replica doña Berta—. ¡Buenos eran los Rondaliegos de antaño para consentir a los sarnosos marchitarles con los calcaños puercos la hierba del Aren!». Los Rondaliegos no querían nada con nadie; se casaban unos con otros, siempre con parientes, y no mezclaban la sangre ni la herencia; no se dejaban manchar el linaje ni los prados. Ella, doña Berta, no podía recordar, es claro, desde cuándo había sendas públicas que cruzaban sus propiedades; pero el corazón le daba que todo aquello debía de ser desde la caída del antiguo régimen, desde que había liberales y cosas así por el mundo.

«Por aquí no se va a ninguna parte, este es el finibusterre del mundo», dice doña Berta, que tiene caprichosas nociones geográficas; un mapa-mundi homérico, por lo soñado; y piensa que la tierra acaba en punta, y que la punta es Zaornín, con Susacasa, el prado Aren y Posadorio.

«Ni los moros ni los romanos pisaron jamás la hierba del Aren», dice ella un día y otro día a su fidelísima Sabelona (Isabel grande), criada de los Rondaliegos desde los diez años, y por la cual tampoco pasaron moros ni cristianos, pues aún es tan virgen como la parió su madre, y hace de esto setenta inviernos.

«¡Ni los moros ni los romanos!» repite por la noche doña Berta, a la luz del candil, junto al rescoldo de la cocina, que tiene el hogar en el suelo; y Sabelona inclina la cabeza, en señal de asentimiento, con la misma credulidad ciega con que poco después repite arrodillada los actos de fe que su ama va recitando delante. Ni doña Berta ni Isabel saben de romanos y moros cosa mayor, fuera de aquella noticia negativa de que nunca pasaron por allí; tal vez no tienen seguridad completa de la total ruina del Imperio de Occidente ni de la toma de Granada, que doña Berta, al fin más versada en ciencias humanas, confunde un poco con la gloriosa guerra de África, y especialmente con la toma de Tetuán: de todas suertes, no creen ni una ni otra tan remotas, como lo son, en efecto, las respectivas dominaciones de agarenos y romanos; y en definitiva, romanos y moros vienen a representar para ambas, como en símbolo, todo lo extraño, todo lo lejano, todo lo enemigo; y así, cuando algún raro interlocutor osó decirles que los franceses tampoco llegaron jamás, ni había para qué, a Susacasa, ellas se encogieron de hombros; como diciendo: «Bueno, todo eso quiere decir lo de moros y romanos». Y es que esta manía, hereditaria en los Rondaliegos, le viene a doña Berta de tradición anterior a la invasión francesa.

CAPÍTULO III

¡Ay, los liberales! Esos sí habían llegado a Posadorio. Se ha hablado antes de la virginidad intacta de Sabelona. El lector habrá supuesto que doña Berta era viuda, o que su virtud se callaba por elipsis. Virtuosa era..., pero virgen no; soltera sí. Si Sabel se hubiera visto en el caso de su ama, no estaría tan entera. Bien lo comprendía, y por eso no mostraba ningún género de superioridad moral respecto de su señora. Había sido una desgracia, y bien cara se había pagado, desgracia y todo. Eran los Rondaliegos cuatro hermanos y una hermana, Berta, huérfanos desde niños. El mayorazgo, don Claudio, hacía de padre. La limpieza de la sangre era entre ellos un culto. Todos buenos, afables, como Berta, que era una sonrisa andando, hacían obras de caridad... desde lejos. Temían al vulgo, a quien amaban como hermano en Cristo, no en Rondaliego; su soledad aristocrática tenía tanto de ascetismo risueño y resignado, como de preocupación de linaje. La librería de la casa era símbolo de esas tendencias; apenas había allí más que libros religiosos, de devoción recogida y desengañada, y libros de blasones; por todas partes la cruz; y el oro, y la plata, y los gules de los escudos estampados en vitela. Un Rondaliego, tres o cuatro generaciones atrás, había aparecido muerto en un bosque, en la Matiella, a media legua de Posadorio, asesinado por un vecino, según todas las sospechas. Desde entonces toda la familia guardaba la espalda hasta al repartir limosna. El mayor pecado de los Rondaliegos era pensar mal de la plebe a quien protegían. Por su parte, los villanos, tal vez un día dependientes de Posadorio, recogían con gesto de humillación servil los beneficios, y a solapo se burlaban de la decadencia de aquel señorío, y mostraban, siempre que no hubiese que dar la cara, su falta de respeto en todas las formas posibles. Para esto, los ayudaban un poco las nuevas leyes, y la nueva política especialmente. El símbolo de las libertades públicas (que ellos no llamaban así, por supuesto) era para los vecinos de Pie del Oro el desprecio creciente a los Rondaliegos, y la sanción legal que a tal desprecio los alentaba, mediante recargo de contribución al distribuirse la del concejo, trabajo forzoso y desproporcionado en las sextaferias, abandono de la policía rural en los límites de Zaornín, y singularmente de Susacasa, con otros cien alfilerazos disimulados, que iban siempre a cuenta del Ayuntamiento, de la ley, de los nuevos usos, de los pícaros tiempos.

En cuanto al despojo de fruta, hierba, leña, etc., ya no se podía culpar directamente a la ley, que no llegaba a tanto como autorizar que se robase de noche y con escalamiento a los Rondaliegos; pero si no la ley, sus representantes, el alcalde, el juez, el pedáneo, según los casos, ayudaban al vecindario con su torpeza y apatía, que no les consentían tropezar jamás con los culpables. Todo esto había sido años atrás; la buena suerte de los

Rondaliegos fue la esquivez topográfica de su dominio: si su carácter, el de la familia, los alejaba del vulgo, la situación de su casa también parecía una huida del mundo; los pliegues del terreno y las espesuras del contorno, y el no ser aquello camino para ninguna parte, fueron causa del olvido que, con ser un desprecio, era también la paz anhelada. «Bueno —se decían para sus adentros los hermanos de Posadorio—; el siglo, el populacho aldeano, nos desprecia, y nosotros a él; en paz». Sin embargo, siempre que había ocasión, los Rondaliegos ejercían su caridad por aquellos contornos.

Todos los hermanos permanecían solteros; eran fríos, apáticos, aunque bondadosos y risueños. El ídolo era el honor limpio, la sangre noble inmaculada. En Berta, la hermana, debía estar el santuario de aquella pureza. Pero Berta, aunque de la misma apariencia que sus hermanos, blanca, gruesa, dulce, reposada de gestos, voz y andares, tenía dentro ternuras que ellos no tenían. El hermano segundo, algo literato, traía a casa novelas de la época, traducidas del francés. Las leían todos. En los varones no dejaban huella; en Berta hacían estragos interiores. El romanticismo, que en tantos vecinos y vecinas de las ciudades y villas era pura conversación, a lo más, pretexto para viciucos, en Posadorio tenía una sacerdotisa verdadera, aunque llegaba hasta allí en ecos de ecos, en folletines apelmazados. Jamás pudieron sospechar los hermanos la hoguera de idealidad y puro sentimentalismo que tenían en Posadorio. Ni aun después de la desgracia dieron en la causa de ella, pensando en el romanticismo; la atribuyeron al azar, a la ocasión, a la traición, que culpa tuvieron también; tal vez el peor pensado llegó hasta pensar en la concupiscencia, que por parte de Berta no hubo; sólo no se acordó nadie del amor inocente, de un corazón que se derrite al contacto del fuego que adora. Berta se dejó engañar con todas las veras de su alma. La historia fue bien sencilla; como la de sus libros: todo pasó lo mismo. Llegó el capitán, un capitán de los cristinos; venía herido; fugitivo; cayó desmayado delante de la portilla de la quinta; ladró el perro; llegó Berta, vio la sangre, la palidez, el uniforme, y unos ojos dulces, azules, que pedían piedad, tal vez cariño; ella recogió al desgraciado, le escondió en la capilla de la casa, abandonada, hasta pensar si haría bien en avisar a sus hermanos, que eran, como ella, carlistas, y acaso entregarían a los suyos al fugitivo, si los suyos pasaban por allí y le buscaban. Al fin era un liberal, un negro. Pensó bien, y acertó. Reveló su secreto, los hermanos aprobaron su conducta, el herido pasó de la tarima de la capilla a las plumas del mejor lecho que había en la casa; todos callaron. La facción, que pasó por allí, no supo que tenía tan cerca a tal enemigo, que había sido azote de los blancos. Dos meses cuidó Berta al liberal con sus propias manos, solícita, enamorada ya desde el primer día; los hermanos la dejaban cuidar y enamorarse; la dejaban hacer servicios de amante esposa que tiene al esposo moribundo; y esperaban que ¡naturalmente!, el día en que el enfermo pudiera abandonar a Posadorio, todo afecto se acabaría; la señorita de

Rondaliego sería una extraña para el capitán garrido, que todas las noches lloraba de agradecimiento, mientras los hermanos roncaban y la hermana velaba, no lejos del lecho, acompañada de una vieja y de Sabel, entonces lozana doncella. Cuando el capitán pudo levantarse y pasear por la huerta, dos de los hermanos, entonces presentes en Posadorio (los otros dos, el mayor y el último, habían ido a la ciudad por algunos días), vieron en el negro a un excelente amigo, capaz de distraerlos de su resignado aburrimiento; la simpatía entre los carlistas y el liberal creció de día en día; el capitán era expansivo, tierno, de imaginación viva y fuerte; quería, y se hacía querer; y a más de eso, animaba a los linfáticos Rondaliegos a inocentes diversiones, como asaltos de armas, que él dirigía, sin tomar en ellos parte muy activa, juegos de ajedrez y de naipes, y leía en voz alta, con hermosa entonación, blanda y rítmica, que los adormecía dulcemente, después de la cena, a la luz del velón vetusto del salón de Posadorio, que resonaba con las palabras y con los pasos.

CAPÍTULO IV

Llegó el día en que el liberal se creyó obligado por delicadeza a anunciar su marcha, porque las fuerzas, recobradas ya, le permitían volver al campo de batalla en busca de sus compañeros. Dejaba allí el alma, que era Berta; pero debía partir. Los hermanos no se lo consintieron; le dieron a entender con mil rodeos que cuanto más tardara en volver a luchar contra los carlistas, mejor pagaría aquella hospitalidad y aquella vida que decía deber a los Rondaliegos. Además, y sobre todo, ¡les era tan grata su compañía! Vivían unos y otros en una deliciosa interinidad, olvidados de los rencores políticos, de todo lo que estaba más allá de aquellos bosques, marco verde del cuadro idílico de Susacasa. El capitán se dejó vencer; permaneció en Posadorio más tiempo del que debiera; y un día, cuando las fuerzas de su cuerpo y la fuerza de su amor habían llegado a un grado de intensidad que producía en él una armonía deliciosa y de mucho peligro, cayó, sin poder remediarlo, a los pies de Berta, en cuanto la ocasión de verla sola vino a tentarle. Y ella, que no entendía palabra de aquellas cosas, se echó a llorar; y cuando un beso loco vino a quemarle los labios y el alma, no pudo protestar sino llorando, llorando de amor y miedo, todo mezclado y confuso. No fue aquel día cuando perdió el honor, sino más adelante; en la huerta, bajo un laurel real que olía a gloria; fue al anochecer; los hermanos, ciegos, los habían dejado solos en casa, a ella y al capitán; se habían ido a cazar, ejercicio todavía demasiado penoso para el convaleciente que quería ir a la guerra antes de tiempo.

Cantaba un ruiseñor solitario en la vecina carbayeda; un ruiseñor como el que oía arrobada de amor la sublime santa Dulcelina, la hermana del venerable obispo Hugues de Dignes. «¡Oh; qué canto solitario el de ese pájaro!» dijo la Santa, y en seguida se quedó en éxtasis absorta en Dios por el canto de aquel ave. Así habla Salimbeno. Así se quedó Berta; el ruiseñor la hizo desfallecer, perder las fuerzas con que se resiste, que son desabridas, frías; una infinita poesía que lo llena todo de amor y de indulgencia le inundó el alma; perdió la idea del bien y el mal; no había mal; y absorta por el canto de aquel ave, cayó en los brazos de su capitán, que hizo allí de Tenorio sin trazas de malicia. Tal vez si no hubiese estado presente el liberal, que le debía la vida a ella, Berta, escuchando aquella tarde al solitario ruiseñor, se hubiera jurado ser otra Dulcelina, y amar a Dios, y sólo a Dios, con el dulce nombre de Jesús, en la soledad del claustro, o como Santa Dulcelina, en el mundo, en el siglo, pero en aquel siglo de Susacasa, que era más solitario que un convento; de todas suertes, de seguro aquel día, a tal hora, bajo aquel laurel, ante aquel canto, Berta habría llorado de amor infinito, hubiera consagrado su vida a su culto. Cuando las circunstancias permitieron ya al capitán pensar en el aspecto civil de su felicidad suprema, se ofreció a sí mismo, a fuer de amante y caballero, volver cuanto antes a Posadorio, renunciar a sus armas y pedir la mano de su esposa a los hermanos, que a un guerrero liberal no se la darían. Berta, inocente en absoluto, comprendió que había pasado algo grave, pero no lo irreparable. Calló, más por la dulzura del misterio que por terror de las consecuencias de sus revelaciones. El capitán prometió volver a casarse. Estaba bien. No estaba de más eso; pero la dicha ya la tenía ella en el alma. Esperaría cien años. El capitán, como un cobarde, huye el peligro de la muerte; vuelve a sus banderas por ceremonia, por cumplir, dispuesto a salvar el cuerpo y pedir la absoluta; su vida no es suya, piensa él, es del honor de Berta.

Pero el hombre propone y el héroe dispone. Una tarde, a la misma hora en que cantaba el ruiseñor de Berta y de Santa Dulcelina, el capitán liberal oye cantar al bronce el himno de la guerra; como un amor supremo; la muerte gloriosa le llama desde una trinchera; sus soldados esperan el ejemplo, y el capitán lo da; y en un deliquio de santa valentía entrega el cuerpo a las balas, y el alma a Dios, aquel bravo que sólo fue feliz dos veces en la vida, y ambas para causar una desgracia y engendrar un desgraciado. Todo esto, traducido al único lenguaje que quisieron entender los hermanos Rondaliegos, quiso decir que un infame liberal, mancillando la hospitalidad, la gratitud, la amistad, la confianza, la ley, la virtud, todo lo santo, les había robado el honor y había huido.

Jamás supieron de él. Berta tampoco. No supo que el elegido de su alma no había podido volver a buscarla para cumplir con la Iglesia y con el mundo, porque un instinto indomable le había obligado a cumplir antes con su bandera. El capitán había salido de Zaornín al día siguiente de su ventura; de la deshonra que allí dejaba no se supo, hasta que, con pasmo y terror de los hermanos, con pasmo y sin terror de Berta, la infeliz cayó enferma de un mal que acabó en un bautizo misterioso y oculto, en lo que cabía, como una ignominia. Berta comenzó a comprender su falta por su castigo. Se le robó el hijo, y los hermanos, los ladrones, la dejaron sola en Posadorio con Isabel y otros criados. La herencia, que permanecía sin dividir, se partió, y a Berta se le dejó, además de lo poco que le tocaba, el usufructo de todo Susacasa, Posadorio inclusive: ya que había manchado la casa solariega pecando allí, se le dejaba el lugar de su deshonra, donde estaría más escondida que en parte alguna. Bien comprendió ella, cuando renunció a la esperanza de que volviera su capitán, que el mundo debía en adelante ser para la joven deshonrada aquel rincón perdido, oculto por la verdura que lo rodeaba y casi sumergía. Muchos años pasaron antes que los Rondaliegos empezasen, si no a perdonar, a olvidar; dos murieron con sus rencores, uno en la guerra, a la que se arrojó desesperado; otro en la emigración, meses adelante. Ambos habían gastado todo su patrimonio en servicio de la causa que defendían. Los otros dos también contribuyeron con su hacienda en pro de don Carlos, pero no expusieron el cuerpo a las balas; llegaron a viejos, y estos eran los que, de cuando en cuando, volvían a visitar el teatro de su deshonra. Ya no lo llamaban así. El secreto que habían sabido guardar había quitado a la deshonra mucho de su amargura; después, los años, pasando, habían vertido sobre la caída de Berta esa prescripción que el tiempo tiende, como un manto de indulgencia hecho de capas de polvo, sobre todo lo convencional. La muerte, acercándose, traía a los Rondaliegos pensamientos de más positiva seriedad; la vejez perdonaba en silencio a la juventud lejanos extravíos de que ella, por su mal, no era capaz siquiera; Berta se había perdonado a sí propia también, sin pensar apenas en ello; pero seguía en el retiro que le habían impuesto, y que había aceptado por gusto, por costumbre, como el ave del soneto de Lope, aquella que se volvió por no ver llorar a una mujer, Berta llegó a no comprender la vida fuera de Posadorio. A la preocupación de su aventura, poco a poco olvidada, en lo que tenía de mancha y pecado, no como poético recuerdo, que subsistió y se acentuó y sutilizó en la vejez, sucedieron las preocupaciones de familia, aquella lucha con toda sociedad y con todo contacto plebeyo. Pero si Berta se había perdonado su falta, no perdonaba en el fondo del alma a sus hermanos el robo de su hijo, que mientras ella fue joven, aunque le dolía infinito, la parecía legítimo; mas cuando la madurez del juicio le trajo la indulgencia para el pecado horroroso de que antes se acusaba, la conciencia de la madre recobró sus fuerzas, y no sólo no perdonaba a sus hermanos, sino que tampoco se perdonaba a sí misma. «Sí —se decía—: yo debí protestar, yo debí reclamar el fruto de mi amor; yo debí después buscarlo a toda costa, no creer a mis hermanos cuando me aseguraron que había muerto».

Cuando a Berta se le ocurrió sublevarse, indagar el paradero de su hijo, averiguar si se la engañaba anunciándole su muerte, ya era tarde. O en efecto había muerto, o por lo menos se había perdido. Los Rondaliegos se habían portado en este punto con la crueldad especial de los fanatismos que sacrifican a las abstracciones absolutas las realidades relativas que llegan a las entrañas. Aquellos hombres buenos, bondadosos, dulces, suaves, caballeros sin tacha, fueron cuatro Herodes contra una sola criatura, que a ellos se les antojó baldón de su linaje. Era el hijo del liberal, del traidor, del infame. Conservarle cerca, cuidarlo y exponerse con estos cuidados a que se descubrieran sus relaciones con el sobrino bastardo, les parecía a los Rondaliegos tanta locura, como fundir una campana con metal de escándalo y colgarla de una azotea de Posadorio para que de día y de noche estuviera tocando a vuelo la ignominia de su raza, la vergüenza eterna, irreparable, de los suyos. ¡Absurdo! El hijo maldito fue entregado a unos mercenarios, sin garantías de seguridad, precipitadamente, sin más precauciones que las que apartaban para siempre las sospechas que pudieran ir en busca del origen de aquella criatura: lo único que se procuró fue rodearle de dinero, asegurarle el pan; y esto contribuyó para que desapareciera. Desapareció. Borrando huellas, unos por un lado, por el punto de honor, y otros por otro, por interés y codicia, todo rastro se hizo imposible. Cuando la conciencia acusó a los Rondaliegos que quedaban vivos, y les pidió que buscasen al niño perdido, ya no había remedio. El interés, el egoísmo de estas buenas gentes se alegró de haber ideado tiempo atrás aquella patraña de la muerte del pobre niño. Primero se había mentido para castigar a la infame que aún se atrevía a pedir el fruto de su enorme pecado; después se mintió para que ella no se desesperase de dolor, maldiciendo a los verdugos de su felicidad de madre. Los dos últimos Rondaliegos murieron en Posadorio, con dos años de intervalo. Al primero, que era el hermano mayor, nada se atrevió a preguntarle Berta a la hora de la muerte: cerca del lecho, mientras él agonizaba, despejada la cabeza, expedita la palabra, Berta, en pie, le miraba con mirada profunda, sin preguntar ni con los ojos, pero pensando en el hijo. El hermano moribundo miraba también a veces a los ojos de Berta; pero nada decía de aquella respuesta que debía dar sin necesidad de pregunta; nada decía ni con labios ni con ojos. Y, sin embargo, Berta adivinaba que él también pensaba en el niño muerto o perdido. Y poco después cerraba ella misma, anegada en llanto, aquellos ojos que se llevaban un secreto. Cuando moría el último hermano, Berta, que se quedaba sola en el mundo, se arrojó sobre el pecho flaco del que expiraba, y sin compasión más que para su propia angustia, preguntó desolada, invocando a Dios y el recuerdo de sus padres, que ni él ni ella habían conocido; preguntó por su hijo. «¿Murió? ¿Murió? ¿Lo sabes de fijo? ¡Júramelo, Agustín; júramelo por el Señor, a quien vas a ver cara a cara!». Y Agustín, el menor de los Rondaliegos, miró a su hermana, ya sin verla, y lloró la lágrima con que suelen las almas despedirse del mundo.

Berta se quedó sola con Sabel y el gato, y empezó a envejecer de prisa, hasta que se hizo de pergamino, y comenzó a vivir la vida de la corteza de un roble seco. Por dentro también se apergaminaba; pero como dos cristalizaciones de diamante, quedaban entre tanta sequedad dos sentimientos, que tomaron en ella el carácter automático de la manía que se mueve en el espíritu con el tic-tac de un péndulo. La soledad, el aislamiento, la pureza y limpieza de Posadorio, de Susacasa, del Aren..., por aquí subía el péndulo a la actividad ratonil de aquella anciana flaca, amarillenta (ella, que era tan blanca y redonda), que, sorda y ligera de pies, iba y venía llosa arriba, llosa abajo, tendiendo ropa, dando órdenes para segar los prados, podar los árboles, limpiar las sebes. Pero, en medio de esta actividad, a contemplar la verdura inmaculada de sus tierras, la soledad y apartamiento de Susacasa, la sorprendía el recuerdo del liberal, de su capitán, traidor o no, de su hijo muerto o perdido...; y la pobre setentona lloraba a su niño, a quien siempre había querido con un amor algo abstracto, sin fuerza de imaginación para figurárselo; lloraba y amaba a su hijo con un tibio cariño de abuela; tibio, pero obstinado. Y por aquí bajaba el péndulo del pensar automático a la tristeza del desfallecimiento, de las sombras y frialdades del espíritu, quejosa del mundo, del destino, de sus hermanos, de sí misma. De este vaivén de su existencia sólo conocía Sabelona la mitad: lo notorio, lo activo, lo material. Como en tiempo de sus hermanos, Berta seguía condenada a soledad absoluta para lo más delicado, poético, fino y triste de su alma. Las viejas, hilando a la luz del candil en la cocina de campana, que tenía el hogar en el suelo, parecían dos momias, y lo eran; pero la una, Sabel, dormía en paz; la otra, Berta, tenía un ratoncillo, un espíritu loco dentro del pellejo. A veces, Berta, después de haber estado hablando de la colada una hora, callaba un rato, no contestaba a las observaciones de Sabel; y después, en el silencio, miraba a la criada con ojillos que reventaban con el tormento de las ideas..., y se le figuraba que aquella otra mujer, que nada adivinaba de su pena, de la rueda de ideas dolorosas que le andaba a ella por la cabeza, no era una mujer..., era una hilandera de marfil viejo.

CAPÍTULO V

Una tarde de Agosto, cuando ya el sol no quemaba y de soslayo sacaba brillo a la ropa blanca tendida en la huerta en declive, y encendía un diamante en la punta de cada hierba, que, cortada al rape por la guadaña, parecía punta de acero, doña Berta, después de contemplar desde la casa de arriba las blancuras y verdores de su dominio, con una brisa de alegría inmotivada en el alma, se puso a canturriar una de aquellas baladas románticas que había aprendido en su inocente juventud, y que se complacía en recordar cuando no estaba demasiado triste, ni Sabel delante, ni cerca. En presencia de la criada, su vetusto sentimentalismo le daba vergüenza. Pero en la soledad completa, la dama sorda cantaba sin oírse, oyéndose por dentro, con desafinación tan constante como melancólica, una especie de aires, que podrían llamarse el canto llano del romanticismo músico. La letra, apenas pronunciada, era no menos sentimental que la música, y siempre se refería a grandes pasiones contrariadas o al reposo idílico de un amor pastoril y candoroso.

Doña Berta, después de echar una mirada por entre las ramas de perales y manzanos para ver si Sabel andaba por allá abajo, cerciorada de que no había tal estorbo en la huerta, echó al aire las perlas de su repertorio; y mientras, inclinada y regadera en mano, iba refrescando plantas de pimientos, y limpiando de caracoles árboles y arbustos (su prurito era cumplir con varias faenas a un tiempo), su voz temblorosa decía:

Ven, pastora, a mi cabaña,

Deja el monte, deja el prado,

Deja alegre tu ganado

Y ven conmigo a la mar...

Llegó al extremo de la huerta, y frente al postigo que comunicaba con el monte, bosque de robles, pinos y castaños, se irguió y meditó. Se le había antojado salir por allí, meterse por el monte arriba entre helechos y zarzas. Años hacía que no se le había ocurrido tal cosa; pero sentía en aquel momento un poco de sol de invierno en el alma; el cuerpo le pedía aventuras, atrevimientos. ¡Cuántas veces, frente a aquel postigo, escondido entre follaje oscuro, había soñado su juventud que por allí iba a entrar su felicidad, lo inesperado, lo poético, lo ideal, lo inaudito! Después, cuando esperaba a su sueño de carne y hueso; a su capitán que no volvió, por aquel postigo le esperaba también. Dio vuelta a la llave, levantó el picaporte y salió al monte. A los pocos pasos tuvo que sentarse en el santo suelo, separando espinas con la mano; la pendiente era ardua para ella; además, le estorbaban el paso los helechos altos y las plantas con pinchos. Sentada a la sombra siguió cantando:

Y juntos en mi barquilla...

Un ruido en la maleza, que llegó a oír cuando ya estuvo muy próximo, le hizo callar, como un pájaro sorprendido en sus soledades; se puso en pie, miró hacia arriba y vio delante de sí un guapo mozo, como de treinta años a treinta y cinco, moreno, fuerte, de mucha barba, y vestido, aunque con descuido —de cazadora y hongo flexible, pantalón demasiado ancho— con ropa que debía ser buena y elegante; en fin, le pareció un joven de la corte, a pesar del desaliño. Colgada de una correa pendiente del hombro, traía una caja. Se miraban en silencio, los dos parados. Doña Berta, conoció que por fin el desconocido la saludaba, y, sin oírle, contestó inclinando la cabeza. Ella no tenía miedo, ¿por qué? Pero estaba pasmada y un poco contrariada. Un señorito tan señorito, tan de lejos, ¿cómo había ido a parar al bosque de Susacasa? ¡Si por allí no se iba a ninguna parte; si aquello era el finibusterre del...! La ofendía un poco un viajero que atravesaba sus dominios. Llegaron a explicarse. Ella, sin rodeos, le dijo que era sorda, y el ama de todo aquello que veía. ¿Y él? ¿Quién era él? ¿Qué hacía por allí? Aunque el recibimiento no fue muy cortés, ambos estaban comprendiendo que simpatizaban; ella comprendió más: que aquel señorito la estaba admirando. A las pocas palabras hablaban como buenos amigos; la exquisita amabilidad de ambos se sobrepuso a las asperezas del recelo, y cuando minutos después entraban por el postigo en la huerta, ya sabía doña Berta quién era aquel hombre. Era un pintor ilustre, que mientras dejaba en Madrid su última obra maestra colgada donde la estaba admirando media España, y dejaba a la crítica ocupada en cantar las alabanzas de su paleta, él huía del incienso y del estrépito, y a solas con su musa, la soledad, recorría los valles y vericuetos asturianos, sus amores del estío, en busca de efectos de luz, de matices del verde de la tierra y de los grises del cielo. Palmo a palmo conocía todos los secretos de belleza natural de aquellos repliegues de la marina; y por fin, más audaz o afortunado que romanos y moros, había llegado, rompiendo por malezas y toda clase de espesuras, al mismísimo bosque de Zaornín y al monte mismísimo de Susacasa, que era como llegar al riñón del riñón del misterio.

—¿Le gusta a usted todo esto? —preguntaba doña Berta al pintor, sonriéndole, sentados los dos en un sofá del salón, que resonaba con las palabras y los pasos.

—Sí, señora; mucho, muchísimo —respondió el pintor con voz y gesto para que se le entendiera mejor.

Y añadió por lo bajo:

—Y me gustas tú también, anciana insigne, bargueño humano.

En efecto; el ilustre artista estaba encantado. El encuentro con doña Berta le había hecho comprender el interés que puede dar al paisaje un alma que lo habita. Susacasa, que le había hecho cantar, al descubrir sus espesuras y verdores, acordándose de Gayarre:

O paradiso...

Tu m'apartieni... adquiría de repente un sentido dramático, una intención espiritual al mostrarse en medio del monte aquella figura delgada, llena de dibujo en su flaqueza, y cuyos colores podían resumirse diciendo: cera, tabaco, ceniza. Cera la piel, ceniza la cabeza, tabaco los ojos y el vestido. Poco a poco doña Berta había ido escogiendo, sin darse cuenta, batas y chales del color de las hojas muertas; y en cuanto a su cabellera, algo rizosa, al secarse se había quedado en cierto matiz que no era el blanco de plata, sino el recuerdo del color antiguo, más melancólico que el blanco puro, como ese obstinado rosicler del crepúsculo en los días largos, que no se decide a ceder el horizonte al negro de la noche. Al pintor le parecía aquella dama con aquellos colores y aquel dibujo ojival, copia de una miniatura en marfil. Se le antojaba escapada del país de un abanico precioso de fecha remota. Según él, debía de oler a sándalo.

El artista aceptó el chocolate y el dulce de conserva que le ofreció doña Berta de muy buena gana. Refrescaron en la huerta, debajo de un laurel real, hijo o nieto del otro. Habían hablado mucho. Aunque él había procurado que la conversación le dejase en la sombra, para observar mejor, y fuese toda la luz a caer sobre la historia de la anciana y sobre sus dominios, la curiosidad de doña Berta, y al fin el placer que siempre causa comunicar nuestras penas y esperanzas a las personas que se muestran inteligentes de corazón, hicieron que el mismo pintor se olvidara a ratos de su estudio para pensar en sí mismo. También contó su historia, que venía a ser una serie de ensueños y otra serie de cuadros. En sus cuadros iba su carácter. Naturaleza rica, risueña, pero misteriosa, casi sagrada, y figuras dulces, entrañables, tristes o heroicas, siempre modestas, recatadas... y sanas. Había pintado un amor que había tenido en una fuente; el público se había enamorado también de su colunguesa; pero él, el pintor, al volver por la primavera, tal vez a casarse con ella, la encontró muriendo tísica. Como este recuerdo le dolía mucho al pintor, por egoísmo volvió a olvidarse de sí mismo; y por asociación de ideas, con picante curiosidad, osó preguntar a aquella dama, entre mil delicadezas, si ella no había tenido amores y qué había sido de ellos. Y doña Berta, ante aquella dulzura, ante aquel candor retratado en aquella sonrisa del genio moreno, lleno de barbas; ante aquel dolor de un amante que había sido leal, sintió el pecho lleno de la muerta juventud, como si se lo inundara de luz misteriosa la presencia de un aparecido, el amor suyo; y con el espíritu retozón y aventurero que le había hecho cantar poco antes y salir al bosque, se decidió a hablar de sus amores, omitiendo el incidente deshonroso, aunque con tan mal arte, que el pintor, hombre de mundo, atando cabos y aclarando obscuridades que había notado en la narración anterior referente a los Rondaliegos, llegó a suponer algo muy parecido a la verdad que se ocultaba; igual en sustancia. Así que, cuando ella le preguntaba si, en su opinión, el capitán había sido un traidor o habría muerto en la guerra, él pudo apreciar en su valor la clase de traición que habría que atribuir al liberal, y se inclinó a pensar, por el carácter que ella le había pintado, que el amante de doña Berta no había vuelto... porque no había podido. Y los dos quedaron silenciosos, pensando en cosas diferentes. Doña Berta pensaba: «¡Parece mentira, pero es la primera vez en la vida que hablo con otro de estas cosas!». Y era verdad; jamás en sus labios habían estado aquellas palabras, que eran toda la historia de su alma. El pintor, saliendo de su meditación, dijo de repente algo por el estilo:

—A mí se me figura en este momento ver la causa de la eterna ausencia de su capitán, señora. Un espíritu noble como el suyo, un caballero de la calidad de ese que usted me pinta, vuelve de la guerra a cumplir a su amada una promesa..., a no ser que la muerte gloriosa le otorgue antes sus favores. Su capitán, a mi entender, no volvió..., porque, al ir a recoger la absoluta, se encontró con lo absoluto, el deber; ese liberal, que por la sangre de sus heridas mereció conocer a usted y ser amado, mi respetable amiga; ese capitán, por su sangre, perdió el logro de su amor. Como si lo viera, señora; no volvió porque murió como un héroe...

Iba a hablar doña Berta, cuyos ojillos brillaban con una especie de locura mística; pero el pintor tendió una mano, y prosiguió diciendo:

—Aquí nuestra historia se junta, y verá usted cómo hablándola del por qué de mi último cuadro, el que me alaban propios y extraños, sin que él merezca tantos elogios, queda explicado el por qué yo presumo, siento, que el capitán de usted se portó como el mío. Yo también tengo mi capitán. Era un amigo del alma...; es decir, no nos tratamos mucho tiempo; pero su muerte, su gloriosa y hermosa muerte, le hizo el íntimo de mis visiones de pintor que aspira a poner un corazón en una cara. Mi último cuadro, señora, ese de que hasta usted, que nada quiere saber del mundo, sabía algo por los periódicos que vienen envolviendo garbanzos y azúcar, es... seguramente el menos malo de los míos. ¿Sabe usted por qué? Porque lo vi de repente, y lo vi en la realidad primero. Años hace, cuando la segunda guerra civil, yo, aunque ya conocido y estimado, no había alcanzado esto que llaman... la celebridad, y acepté, porque me convenía para mi bolsa y mis planes, la plaza de corresponsal que un periódico ilustrado extranjero me ofreció, para que le dibujase cuadros de actualidad, de costumbres españolas, y principalmente de la guerra. Con este encargo, y mi gran afición a las emociones fuertes, y mi deseo de recoger datos, dignos de crédito para un gran cuadro de heroísmo militar con que yo soñaba, me fui a la guerra del Norte, resuelto a ver muy de cerca todo lo más serio de los combates, de modo que el peligro de mi propia persona me facilitase esta proximidad apetecida. Busqué, pues, el peligro, no por él, sino por estar cerca de la muerte heroica. Se dice, y hasta lo han dicho escritores insignes, que en la guerra cada cual no ve nada grande, nada poético. No es verdad esto... para un pintor. A lo menos para un pintor de mi carácter. Pues bueno; en aquella guerra conocí a mi capitán; él me permitió lo que acaso la disciplina no autorizaba: estar a veces donde debía estar un soldado. Mi capitán era un bravo y un jugador; pero jugaba tan bien, era tan pundonoroso, que el juego en él parecía una virtud, por las muchas buenas cualidades que le daba ocasión para ejercitar. Un día le hablé de su arrojo temerario, y frunció el ceño. «Yo no soy temerario —me dijo con mal humor—; ni siquiera valiente; tengo obligación de ser casi un cobarde... Por lo menos debo mirar por mi vida. Mi vida no es mía...; es de un acreedor. Un compañero, un oficial, no ha mucho me libró de la muerte, que iba a darme yo mismo, porque, por primera vez de mi vida, había jugado lo que no tenía, había perdido una cantidad... que no podía entregar al contrario; mi compañero, al sorprender mi desesperación, que me llevaba al suicidio, vino en mi ayuda; pagué con su dinero..., y ahora debo dinero, vida y gratitud. Pero el amigo me advirtió; después que ya era imposible devolverle aquella suma, que con ella había puesto su honra en mis manos... 'Vive —me dijo—, para pagarme trabajando, ahorrando, como puedas: esa cantidad de que hoy pude disponer, y dispuse para salvar tu vida, tendré un día que entregarla, y si no la entrego, pierdo la fama. Vive para ayudarme a recuperar esa fortunilla y salvar mi honor'. Dos honras, la suya y la mía, penden, pues, de mi existencia; de modo, señor artista, que huyo o debo huir de las balas. Pero tengo dos vicios: la guerra y el juego: y como ni debo jugar ni debo morir, en cuanto honrosamente pueda, pediré la absoluta; y, entre tanto, seré aquí muy prudente». Así, señora, poco más o menos me habló mi capitán; y yo noté que al siguiente día, en un encuentro, no se aventuró demasiado; pero pasaron semanas, hubo choques con el enemigo y él volvió a ser temerario; mas yo no volví a decirle que me lo parecía. Hasta que, por fin, llegó el día de mi cuadro...

El pintor se detuvo. Tomó aliento, reflexionó a su modo, es decir, recompuso en su fantasía el cuadro, no según su obra maestra, sino según la realidad se lo había ofrecido.

Doña Berta, asombrada, agradeciendo al artista las voces que este daba para que ella no perdiese ni una sola palabra, escuchó la historia del cuadro célebre, y supo que en un día ceniciento, frío, una batalla decisiva había llevado a los soldados de aquel capitán al extremo de la desesperación, que acaba en la fuga vergonzosa o en el heroísmo. Iban a huir todos, cuando el jugador, el que debía su vida a un acreedor, se arrojó a la muerte segura, como arrojaba a una carta toda su fortuna; y la muerte le rodeó como una aureola de fuego y de sangre; a la muerte y a la gloria arrastró consigo a muchos de los suyos. Mas antes hubo un momento, el que se había grabado como a la luz de un relámpago en el recuerdo del artista, llenando su fantasía; un momento en que en lo alto de un reducto, el capitán jugador brilló solo, como en una apoteosis, mientras más abajo y más lejos los soldados vacilaban, el terror y la duda pintados en el rostro.

—El gesto de aquel hombre, el que milagrosamente pude conservar con absoluta actitud y trasladarlo a mi idea, era de una expresión singular, que lo apartaba de todo lo clásico y de todo lo convencional; no había allí las líneas canónicas que podrían mostrar el entusiasmo bélico, el patriotismo exaltado; era otra cosa muy distinta...; había dolor, había remordimientos, había la pasión ciega y el impulso soberano en aquellos ojos, en aquella frente, en aquella boca, en aquellos brazos; bien se veía que aquel soldado caía en la muerte heroica como en el abismo de una tentación fascinadora a que en vano se resiste. El público y la crítica se han enamorado de mi capitán; ha traducido cada cual a su manera aquella idealidad del rostro y de todo el gesto; pero todos han visto en ello lo mejor del cuadro, lo mejor de mi pincel; ven una lucha espiritual misteriosa, de fuerza intensa, y admiran sin comprender, echándose a adivinar al explicar su admiración. El secreto de mi triunfo lo sé yo; es este, señora, lo que yo vi aquel día en aquel hombre que desapareció entre el humo, la sangre y el pánico, que después vino a oscurecerlo todo. Los demás tuvimos que huir al cabo; su heroísmo fue inútil...; pero mi cuadro conservará su recuerdo. Lo que no sabrá el mundo es que mi capitán murió faltando a su palabra de no buscar el peligro...

—¡Así murió el mío! —exclamó exaltada doña Berta, poniéndose en pie, tendiendo una mano como inspirada—. ¡Sí, el corazón me grita que él también me abandonó por la muerte gloriosa!

Y doña Berta, que en su vida había hecho frases ni ademanes de sibila, se dejó caer en su silla, llorando, llorando con una solemnidad que sobrecogió al pintor y le hizo pensar en una estatua de la Historia vertiendo lágrimas sobre el polvo anónimo de los heroísmos oscuros, de las grandes virtudes desconocidas, de los grandes dolores sin crónica.

Pasó una brisa fría; tembló la anciana, levantose, y con un ademán indicó al pintor que la siguiera. Volvieron al salón; y doña Berta, medio tendida en el sofá, siguió sollozando.

CAPÍTULO VI

Sabelona entró silenciosa y encendió todas las luces de los candelabros de plata que adornaban una consola. Le pareció a ella que era toda una inspiración, para dar tono a la casa, aquella ocurrencia de iluminar, sin que nadie se lo mandara, el salón oscuro. La noche se echaba encima sin que lo notaran ni el pintor ni doña Berta. Mientras esta ocultaba el rostro con las manos, porque Sabel no viera su enternecimiento, el artista se puso a pasear sus emociones hondas y vivas por el largo salón, cabizbajo. Pero al llegar junto a la consola, la luz le llamó la atención, levantó la cabeza, miró en torno de sí, y vio en la pared, cara a cara, el retrato de una joven vestida y peinada a la moda de hacía cuarenta y más años. Tardó en distinguir bien aquellas facciones; pero cuando por fin la imagen completa se le presentó con toda claridad, sintió por todo el cuerpo el ziszás de un escalofrío como un latigazo. Por señas preguntó a Sabelona quién era la dama pintada; y Sabel, con otro gesto y gran tranquilidad, señaló a la anciana, que seguía con el rostro escondido entre las manos. Salió Sabelona de la estancia en puntillas, que este era su modo de respetar los dolores de los amos cuando ella no los comprendía; y el pintor, que, pálido y como con miedo, seguía contemplando el retrato, no sintió que dos lágrimas se le asomaban a los ojos. Y cuando volvió a su paseo sobre los tablones de castaño, que crujían, iba pensando: «Estas cosas no caben en la pintura; además, por lo que tienen de casuales, de inverosímiles, tampoco caben en la poesía: no caben más que en el mundo... y en los corazones que saben sentirlas». Y se paró a contemplar a doña Berta, que, ya más serena, había cesado de llorar, pero con las manos cruzadas sobre las flacas rodillas, miraba al suelo con ojos apagados. El amor muerto, como un aparecido, volvía a pasar por aquel corazón arrugado, yerto; como una brisa perfumada en los jardines, que besa después los mármoles de los sepulcros.

—Amigo mío —dijo la anciana, poniéndose en pie y secando las últimas lágrimas con los flacos dedos, que parecían raíces—; hablando de mis cosas se nos ha pasado el tiempo, y usted... ya no puede buscar albergue en otra parte; llega la noche. Lo siento por el qué dirán —añadió sonriendo—; pero... tiene usted que quedarse a cenar y a dormir en Posadorio.

El pintor aceptó de buen grado y sin necesidad de ruegos.

—Pienso pagar la posada —dijo.

—¿Cómo?

—Sacando mañana una copia de ese retrato; unos apuntes para hacer después en mi casa otro... que sea como ese, en cuanto a la semejanza con el original... si es que la tiene.

—Dicen que sí —interrumpió doña Berta, encogiendo los hombros con una modestia póstuma, graciosa en su triste indiferencia—. Dicen —prosiguió— que se parece como una gota a otra gota, a una Berta Rondaliego, de que yo apenas hago memoria.

—Pues bien; mi copia, dicho sea sin jactancia... será algo menos mala que esa, en cuanto pintura...; y exactamente fiel en el parecido.

Y dicho y hecho; a la mañana siguiente, el pintor, que había dormido en el lecho de nogal en que había expirado el último Rondaliego, se levantó muy temprano; hizo llevar el cuadro a la huerta, y allí, al aire libre, comenzó su tarea. Comió con doña Berta, contemplándola atento cuando ella no le miraba, y después del café continuó su trabajo. A media tarde, terminados sus apuntes, recogió sus bártulos, se despidió con un cordialísimo abrazo de su nueva amiga, y por el Aren adelante desapareció entre la espesura, dando el último adiós desde lejos con un pañuelo blanco que tremolaba como una bandera.

Otra vez se quedó sola doña Berta con sus pensamientos; pero ¡cuán otros eran! Su capitán, de seguro, no había vuelto porque no había podido; no había sido un malvado, como decían los hermanos; había sido un héroe... Sí, lo mismo que el otro, el capitán del pintor, el jugador que jugaba hasta la honra por ganar la gloria... Los remordimientos de doña Berta, que aún más que remordimientos eran saudades, se irritaron más y más desde aquel día en que una corazonada le hizo creer con viva fe que su amante había sido un héroe, que había muerto en la guerra, y por eso no había vuelto a buscarla. Porque siendo así, ¡qué cuentas podía pedirle de su hijo! ¿Qué había hecho ella por encontrar al fruto de sus amores? Poco más que nada; se había dejado aterrar, y recordaba con espanto los días en que ella misma había llegado a creer que era remachar el clavo de su ignominia emprender clandestinas pesquisas en busca de su hijo. Y ahora... ¡qué tarde era ya para todo!... El hijo, o había muerto en efecto, o se había perdido para siempre. No era posible ni soñar con su rastro. Ella misma había perdido en sus entrañas a la madre...; era ya una abuela. Una vaga conciencia le decía que no podía sentir con la fuerza de otros tiempos; las menudencias de la vida ordinaria, la prosa de sus quehaceres la distraían a cada momento de su dolor, de sus meditaciones; volvían, era verdad, pero duraban poco en la cabeza, y aquel ritmo constante del olvido y del recuerdo llegaba a marearla. Ella propia llegaba a pensar: «¡Es que estoy chocha! Esto es una manía, más que un sentimiento». Y con todo, a ratos pensaba, particularmente después de cenar, antes de acostarse, mientras se paseaba por la espaciosa cocina a la luz del candil de Sabelona, pensaba que en ella había una recóndita energía que la llevaría a un gran sacrificio, a una absoluta abnegación... si hubiera asunto para esto. «¡Oh! ¡Adónde iría yo por mi hijo... vivo o muerto! Por besar sus huesos pelados ¡qué años no daría, si no de vida, que ya no puedo ofrecerla, qué años de gloria pasándolos de más en el purgatorio! O porque yo soy como un sepulcro, un alma que ya se descompone, o porque presiento la muerte, sin querer pienso siempre, al figurarme que busco y encuentro a mi hijo..., que doy con sus restos, no con sus brazos abiertos para abrazarme». Imaginando estas y otras amarguras semejantes, sorprendió a doña Berta el mensaje que, al cabo de ocho días, le envió el pintor por un propio. Un aldeano, que desapareció en seguida sin esperar propina ni refrigerio, dejó en poder de doña Berta un gran paquete que contenía una tarjeta del pintor y dos retratos al óleo; uno era el de Berta Rondaliego, copia fiel del cuadro que estaba sobre la consola en el salón de Posadorio, pero copia idealizada y llena de expresión y vida, gracias al arte verdadero. Doña Berta, que apenas se reconocía en el retrato del salón, al mirar el nuevo, se vio de repente en un espejo... de hacía más de cuarenta años. El otro retrato que le enviaba el pintor tenía un rótulo al pie, que decía en letras pequeñas, rojas: «Mi capitán». No era más que una cabeza: doña Berta, al mirarlo, perdió el aliento y dio un grito de espanto. Aquel mi capitán era también el suyo... el suyo, mezclado con ella misma, con la Berta de hacía cuarenta años, con la que estaba allí al lado... Juntó, confrontó las telas, vio la semejanza perfecta que el pintor había visto entre el retrato del salón y el capitán de sus recuerdos, y de su obra maestra; pero además, y sobre todo, vio otra semejanza, aún más acentuada, en ciertas facciones y en la expresión general de aquel rostro, con las facciones y la expresión que ella podía evocar de la imagen que en su cerebro vivía, grabada con el buril de lo indeleble, como la gota labra la piedra. El amor único, muerto, siempre escondido, había plasmado en su fantasía una imagen fija, indestructible, parecida a su modo a ese granito pulimentado por los besos de muchas generaciones de creyentes que van a llorar y esperar sobre los pies de una Virgen o de un santo de piedra. El capitán del pintor era como una restauración del retrato del otro capitán que ella veía en su cerebro, algo borrado por el tiempo, con la pátina obscura de su escondido y prolongado culto; ahumado por el holocausto del amor antiguo, como lo están los cuadros de iglesia por la cera y el incienso. Ello fue que cuando Sabelona vino a llamar a doña Berta, la encontró pálida, desencajado el rostro y medio desvanecida. No dijo más que «Me siento mal», y dejó que la criada la acostara. Al día siguiente vino el médico del concejo, y se encogió de hombros. No recetó. «Es cosa de los años», dijo. A los tres días, doña Berta volvía a correr por la casa más ágil que nunca, y con un brillo en los ojos que parecía de fiebre. Sabelona vio con asombro que a la siguiente madrugada salía de Posadorio un propio con una carta lacrada. ¿A quién escribía la señorita? ¿Qué podía haber en el mundo, por allá lejos, que la importase a ella? El ama había escrito al pintor; sabía su nombre y el del concejo en que solía tener su posada durante el verano; pero no sabía más, ni el nombre de la parroquia en que estaba el rústico albergue del artista, ni si estaría él entonces en su casa, o muy lejos, en sus ordinarias excursiones.

El propio volvió a los cuatro días, sin contestación y sin la carta de la señorita. Después de muchos afanes, de mil pesquisas, en la capital del concejo le habían admitido la misiva, dándole seguridades de entregar el pliego al pintor, que estaría de vuelta en aquella fonda en que esto le decían, antes de una semana. Buscarle inmediatamente era inútil. Podía estar muy cerca, o a veinte leguas. Se deslizaron días y días, y doña Berta aguardaba en vano, casi loca de impaciencia, noticias del pintor. En tanto, su carta, en que iba entre medias palabras el secreto de su honra, andaba por el mundo en manos de Dios sabía quién. Pasaron tristes semanas, y la pobre anciana, de flaquísima memoria, comenzó a olvidar lo que había escrito al pintor. Recordaba ya sólo, vagamente, que le declaraba de modo implícito su pecado, y que le pedía, por lo que más amase, noticias de su capitán: ¿cómo se llamaba?, ¿quién era?, ¿su origen?, ¿su familia?, y además quería saber quién había dado aquel dinero al pobre héroe que había muerto sin pagar; cómo sería posible encontrar al acreedor... Y, por último, ¡qué locura!, le preguntaba por el cuadro, por la obra maestra. ¿Era suya aún? ¿Estaba ya vendida? ¿Cuánto podría costar? ¿Alcanzaría el dinero que le quedase a ella, después de vender todo lo que tenía y de pagar al acreedor del... capitán, para comprar el cuadro? Sí, de todo esto hablaba en la carta, aunque ya no se acordaba cómo; pero de lo que estaba segura era de que no se volvía atrás. En la cama, en los pocos días que tuvo que permanecer en ella, había resuelto aquella locura, de que no se arrepentía. Sí, sí, estaba resuelta; quería pagar la deuda de su hijo, quería comprar el cuadro que representaba la muerte heroica de su hijo, y que contenía el cuerpo entero de su hijo en el momento de perder la vida. Ella no tenía idea aproximada de lo que podían valer Susacasa, Posadorio y el Aren vendidos; ni la tenía remota siquiera de la deuda de su hijo y del precio del cuadro. Pero no importaba. Por eso quería enterarse, por eso había escrito al pintor. Las razones que tenía para su locura eran bien sencillas. Ella no le había dado nada suyo al hijo de sus entrañas, mientras el infeliz vivió; ahora muerto le encontraba, y quería dárselo todo; la honra de su hijo era la suya; lo que debía él lo debía ella, y quería pagar, y pedir limosna; y si después de pagar quedaba dinero para comprar el cuadro, comprarlo y morir de hambre; porque era como tener la sepultura de los dos capitanes, restaurar su honra, y era además tener la imagen fiel del hijo adorado y el reflejo de otra imagen adorada. Doña Berta sentía que aquella fortísima, absoluta, irrevocable resolución suya debía acaso su fuerza a un impulso invisible, extraordinario, que se le había metido en la cabeza como un cuerpo extraño que lo tiranizaba todo. «Esto, pensaba, será que definitivamente me he vuelto loca; pero, mejor, así estoy más a gusto, así estoy menos inquieta; esta resolución es un asidero; más vale el dolor material que de aquí venga, que aquel tic-tac insufrible de mis antiguos remordimientos, aquel ir y venir de las mismas ideas...». Doña Berta, para animarse en su resolución heroica, para llevar a cabo su sacrificio sin esfuerzo, por propio deseo y complacencia, y no por aquel impulso irresistible, pero que no le parecía suyo, se consagraba a irritar su amor maternal, a buscar ternuras de madre... y no podía. Su espíritu se fatigaba en vano; las imágenes que pudieran enternecerla no acudían a su mente; no sabía cómo se era madre. Quería figurarse a su hijo, niño, abandonado... sin un regazo para su inocencia... No podía; el hijo que ella veía era un bravo capitán, de pie sobre un reducto, entre fuego y humo...; era la cabeza que el pintor le había regalado. «Esto es —se decía— como si a mis años me quisiera enamorar... y no pudiera». Y sin embargo, su resolución era absoluta. Con ayuda del pintor, o sin ella, buscaría el cuadro, lo vería, ¡oh, sí, verlo antes de morir!, y buscaría al acreedor o a sus herederos, y les pagaría la deuda de su hijo. «Parece que hay dos almas —se decía a veces—; una que se va secando con el cuerpo, y es la que imagina, la que siente con fuerza, pintorescamente; y otra alma más honda, más pura, que llora sin lágrimas, que ama sin memoria y hasta sin latidos... y esta alma es la que Dios se debe de llevar al cielo».

Transcurridos algunos meses sin que llegara noticia del pintor, doña Berta se decidió a obrar por sí sola: a Sabelona no había para qué enterarla de nada hasta el momento supremo, el de separarse. ¡Adiós, Zaornín, adiós Susacasa, adiós Aren, adiós Posadorio! El ama recibió una visita que sorprendió a Sabel y le dio mala espina.

El Sr. Pumariega, D. Casto, notario retirado de la profesión y usurero en activo servicio, ratón del campo, esponja del concejo, gran coleccionista de fincas de pan llevar y toda clase de bienes raíces, se presentó en Posadorio preguntando por la señorita de Rondaliego con aquella sonrisa eterna que había hecho llorar lágrimas de sangre a todos los desvalidos de la comarca. Este señor vivía en la capital del concejo, a varios kilómetros de Zaornín. Se presentó a caballo; se apeó, encargó, siempre sonriendo, que le echasen hierba a la jaca, pero no de la nueva, y, pensándolo mejor, se fue él mismo a la cuadra, y con sus propias manos llenó el pesebre de heno.

Todavía llevaba algunas hierbas entre las barbas, y otras pegadas en el cristal de las gafas, cuando doña Berta le recibió en el salón, pálida, con la voz temblorosa, pero resuelta al sacrificio. Sin rodeos se fue al asunto, al negocio; hubiera sido absurdo y hasta una vergüenza enterar al Sr. Pumariega de los motivos sentimentales de aquella extraña resolución. El por qué no lo supo D. Casto; pero ello era que doña Berta necesitaba, en dinero que ella se pudiera llevar en el bolsillo, todo lo que valiera, bien vendido, Susacasa con su Aren y con Posadorio inclusive. La casa, sus dependencias, la llosa, el bosque, el prado, todo... pero en dinero. Si se le daban los cuartos en préstamo, con hipoteca de las fincas dichas, bien, ella no pensaba pagar muchos intereses, porque esperaba morirse pronto, y el Sr. Pumariega podía cargar con todo; si no quería él este negocio, la venta, la venta en redondo.

Cuando el Sr. Pumariega iba a pasmarse de la resolución casi sobrenatural de la Rondaliego, se acordó de que mucho más útil era pasar desde luego a considerar las ventajas del trato; sin sorpresa de ningún género. La admiración no venía a cuento, sobre todo desde el momento en que se le proponía un buen negocio. Así, pues, como si se tratase de venderle unas cuantas pipas de manzana o la hierba de aquella otoñada, D. Casto entró de lleno en el asunto, sin manifestar sorpresa ni curiosidad siquiera.

Y siguiendo su costumbre, al exponer sus argumentos para demostrar las ventajas del préstamo con hipoteca, llamaba a los contratantes A y B. «El prestamista B, la hipoteca H, el predio C...». Así hablaba don Casto, que odiaba los personalismos, y no veía en la parte contraria jamás un ser vivo, un semejante, sino una letra, elemento de una fórmula que había que eliminar. Doña Berta, que a fuerza de administrar muchos años sus intereses había adquirido cierta experiencia y alguna malicia, se veía como una mosca metida en la red de la araña; pero le importaba poco. D. Casto insistía en querer engañarla, en hacerla ver que no perdía a Susacasa necesariamente en las combinaciones que él la proponía; ella fingió que caía en la trampa; comprendió que de aquella aventura salía Pumariega dueño de los dominios de Rondaliego, pero en eso precisamente consistía el sacrificio; a eso iba ella, a que la crucificara aquel sayón. Y decidido esto, lo que la tenía anhelante, pendiente de los labios del judío, obsequioso, hasta adulador y servil, era... la cantidad, los miles de duros que había de entregarle el ratón del campo. Al fijar números D. Casto, doña Berta sintió que el corazón le saltaba de alegría; el usurero ofrecía mucho más de lo que ella podía esperar; no creía que sus dominios mermados y empobrecidos pudieran responder de tantos miles de duros. Cuando Pumariega salía de Posadorio, Sabelona y el casero, que le ayudaban a montar mirándole de reojo, le vieron sonreír como siempre; pero además los ojuelos le echaban chispas que atravesaban los cristales de las gafas. Poco después, en una altura que dominaba a Zaornín, don Casto se detuvo y dio vuelta al caballo para contemplar el perímetro y el buen aspecto de sus nuevas posesiones. Siempre llamaba él posesión, por falsa modestia, a lo que sabía hacer suyo con todas las áncoras y garras del dominio quiritario que le facilitaban el papel sellado y los libros del Registro. Tres días después estaba Pumariega otra vez en Posadorio acompañado del nuevo notario, obra suya, y de varios testigos y peritos, todos sus deudores. No fue cosa tan sencilla y breve como doña Berta deseaba, y se había figurado, dejar toda la lana a merced de las frías tijeras del Sr. Pumariega; este quería seguridades de mil géneros y aturdir a la parte contraria, a fuerza de ceremonias y complicaciones legales. A lo único que se opuso con toda energía doña Berta fue a personarse en la capital del concejo. Eso no; ella no quería moverse de Susacasa... hasta el día de salir a tomar el tren de Madrid. Todo se arregló, en fin, y doña Berta vio el momento de tener en su cofrecillo de secretos antiguos los miles de duros que le prestaba el usurero. Bien comprendía ella que para siempre jamás se despedía de Posadorio, del Aren, de todo... ¿Cómo iba a pagar nunca aquel dineral que le entregaban? ¿Cómo había de pagar siquiera, si vivía algunos años, los intereses? Podría haber un milagro. Sólo así. Si el milagro venía, Susacasa seguiría siendo suyo, y siempre era una ventaja esta esperanza, o por lo menos un consuelo. Sí; todo lo perdía. Pero el caso era pagar las deudas de su hijo, comprar el cuadro... y después morir de hambre si era necesario. ¿Y Sabelona? D. Casto había dado a entender bien claramente que él necesitaba garantías para la seguridad de su hipoteca mediante la vigilancia de un diligentísimo padre de familia sobre los bienes en que la dicha hipoteca consistía; él no tenía inconveniente en que el casero siguiera en la casería por ahora; pero en cuanto a las llaves de Posadorio y al cuidado del palacio y sus dependencias... prefería que corriesen de su propia cuenta. De modo que Sabelona no podía quedar en Posadorio. El ama vaciló antes de proponerla llevársela consigo; era cuestión de gastos; había que hacer economías, mermar lo menos posible su caudal, que ella no sabía si podría alcanzar a la deuda y al precio del cuadro; todo gasto de que se pudiese prescindir, había que suprimirlo. Sabelona era una boca más, un huésped más, un viajero más. Doble gasto casi. Con todo, prometiéndose ahorrar este dispendio en el regalo de su propia persona, doña Berta propuso a la criada llevarla a Madrid consigo.

Sabelona no tuvo valor para aceptar. Ella no se había vuelto loca como el ama, y veía el peligro. Demasiadas desgracias le caían encima sin buscar esa otra, la mayor, la muerte segura. ¡Ella a Madrid! Siempre había pensado en esas cosas de tan lejos vagamente, como en la otra vida; no estaba segura de que hubiera países tan distantes de Susacasa... ¡Madrid! El tren... tanta gente... tantos caminos... ¡Imposible! Que dispensara el ama, pero Sabel no llegaba en su cariño y lealtad a ese extremo. Se le pedía una acción heroica, y ahí no llegaba ella. Sabelona, como San Pedro, negó a su señora, desertó de su locura ideal, la abandonó en el peligro, al pie de la cruz. Así como si doña Berta se estuviera muriendo, Sabelona lo sentiría infinito, pero no la acompañaría a la sepultura, así la abandonaba al borde del camino de Madrid. La criada tenía unos parientes lejanos en un concejo vecino, y allá se iría, bien a su pesar, durante la ausencia del ama, ya que el señor Pumariega quería llevarse las llaves de Posadorio, contra todas las leyes divinas y humanas, según Sabel.

—Pero ¿no es usted el ama? ¿Qué tiene él que mandar aquí?

—Déjame de cuentos, Isabel; manda todo lo que quiere, porque es quien me da el dinero. Esto es ya como suyo.

Doña Berta sintió en el alma que su compañera de tantos años, de toda la vida, la abandonase en el trance supremo a que se arriesgaba; pero perdonó la flaqueza de la criada, porque ella misma necesitaba de todo su valor, de su resolución inquebrantable, para salir de su casa y meterse en aquel laberinto de caminos, de pueblos, de ruido y de gentes extrañas, enemigas. Suspiró la pobre señora, y se dijo: «Ya que Sabel no viene... me llevaré el gato». Cuando la criada supo que el gato también se iba, le miró asustada, como consultándole. No le parecía justo, valga la verdad, abusar del pobre animal porque no podía decir que no, como ella; pero si supiese en la que le metían, estaba segura de que tampoco el gato querría acompañar a su dueña. Sabel no se atrevió, sin embargo, a oponerse, por más que el animalito le había traído ella a casa; era, en rigor, suyo. Ella tampoco podría llevarlo a casa de los parientes lejanos: dos bocas más eran demasiado. Y en Posadorio no podía quedar solo, y menos con don Casto, que lo mataría de hambre. Se decidió que el gato iría a Madrid con doña Berta.

CAPÍTULO VII

Una mañana se levantó Sabelona de su casto lecho, se asomó a una ventana de la cocina, miró al cielo, con una mano puesta delante de los ojos a guisa de pantalla, y con gesto avinagrado y voz más agria todavía, exclamó, hablando a solas, contra su costumbre:

«¡Bonito día de viaje!». Y en seguida pensó, pero sin decirlo: «¡El último día!». Encendió el fuego, barrió un poco, fue a buscar agua fresca, se hizo su café, después el chocolate del ama; y como si allí no fuera a suceder nada extraordinario, dio los golpes de ordenanza a la puerta de la alcoba de doña Berta, modo usual de indicarle que el desayuno la esperaba; y ella, Sabel, como si no se acabara todo aquella misma mañana, como si lo que iba a pasar dentro de una hora no fuese para ella una especie de fin del mundo, se entregó a la rutinaria marcha de sus faenas domésticas, inútiles en gran parte esta vez, puesto que aquella noche ya no dormiría nadie en Posadorio.

Mientras ella fregaba un cangilón, por el postigo de la huerta, que estaba al nivel de la cocina, entró el gato, cubierto de rocío, con la cierza de aquella mañana plomiza y húmeda pegada al cuerpo blanco y reluciente. Sabel le miró con cariño, envidia y lástima.

Y se dijo: «¡Pobre animal!, no sabe lo que le espera». El gato positivamente no había hecho ningún preparativo de viaje; aquella vida que llevaba, para él desde tiempo inmemorial, seguramente le parecía eterna. La posibilidad de una mudanza no entraba en su metafísica. Se puso a lamer platos de la cena de la víspera, como hubiera hecho en su caso un buen epicurista.

Doña Berta entró silenciosa; vio el chocolate sobre la masera, y allí, como siempre, se puso a tomarlo. Los preparativos de la marcha estaban hechos, hasta el último pormenor, desde muchos días atrás. No había más que marchar, y, antes, despedirse. Ama y criada apenas hablaron en aquella última escena de su vida común. Pasó una hora, y llegó don Casto Pumariega, que se había encargado de todo con una amabilidad que nadie tenía valor para agradecerle. Él llevaría a doña Berta hasta la misma estación, la más próxima de Zaornín, facturaría el equipaje, la metería a ella en un coche de segunda (no había querido doña Berta primera, por ahorrar) y vamos andando. En Madrid la esperaba el dueño de una casa de pupilos barata. Le había escrito don Casto, para que le agradeciese el favor de enviarle un huésped. Allí paraba él cuando iba a Madrid, y eso que era tan rico. Con don Casto se presentó en la cocina el mozo a quien había alquilado Pumariega un borrico en que había de montar doña Berta para llegar a la estación, a dos leguas de Posadorio. Ama y criada, que habían callado tanto, que hasta parecían hostiles una a otra aquella mañana, como si mutuamente se acusaran en silencio de aquella separación, en presencia de los que venían a buscarla sintieron una infinita ternura y gran desfallecimiento; rompieron a llorar, y lloraron largo rato abrazadas. El gato dejó de lamer platos y las miraba pasmado. Aquello era nuevo en aquella casa donde el cariño no tenía expresión. Todos se querían, pero no se acariciaban. A él mismo se le daba muy buena vida, pero nada de besos ni halagos. Por si acaso se acercó a las faldas de sus viejas y puso mala cara al señor Pumariega. Doña Berta pidió un momento a don Casto, y salió por el postigo de la huerta. Subió el repecho, llegó a lo más alto, y desde allí contempló sus dominios. La espesura se movía blandamente, reluciendo con la humedad, y parecía quejarse en voz baja. Chillaban algunos gorriones. Doña Berta no tuvo ni el consuelo de poetizar la solemne escena de despedida. La Naturaleza ante su imaginación apagada y preocupada no tuvo esa piedad de personalizarse que tanto alivio suele dar a los soñadores melancólicos. Ni el Aren, ni la llosa, ni el bosque, ni el palacio le dijeron nada. Ellos se quedaban allí, indolentes, sin recuerdos de la ausencia; su egoísmo era el mismo de Sabel, aunque más franco: el que el gato hubiera mostrado si hubiesen consultado su voluntad respecto del viaje. No importaba. Doña Berta no se sentía amada por sus tierras, pero en cambio ella las amaba infinito. Sí, sí. En el mundo no se quiere sólo a los hombres, se quiere a las cosas. El Aren, la llosa, la huerta, Posadorio, eran algo de su alma, por sí mismos, sin necesidad de reunirlos a recuerdos de amores humanos. A la Naturaleza hay que saber amarla como los amantes verdaderos aman, a pesar del desdén. Adorar el ídolo, adorar la piedra, lo que no siente ni puede corresponder, es la adoración suprema. El mejor creyente es el que sigue postrado ante el ara sin dios. Chillaban los gorriones. Parecían decir: «A nosotros, ¿qué nos cuenta usted? Usted se va, nosotros nos quedamos; usted es loca, nosotros no; usted va a buscar el retrato de su hijo... que no está usted segura de que sea su hijo. Vaya con Dios». Pero doña Berta perdonaba a los pájaros, al fin chiquillos, y hasta al mismo Aren verde, que, más cruel aún, callaba. El bosque se quejaba, ese sí; pero poco, como un niño que, cansado de llorar, convierte en ritmo su queja y se divierte con su pena; y doña Berta llegó a notar, con la clarividencia de los instantes supremos ante la naturaleza, llegó a notar que el bosque no se quejaba porque ella se iba; siempre se quejaba así; aquel frío de la mañana plomiza y húmeda era una de las mil formas del hastío que tantas veces se puede leer en la naturaleza. El bosque se quejaba, como siempre, de ese aburrimiento de cuanto vive pegado a la tierra y de cuanto rueda por el espacio en el mundo, sujeto a la gravedad como a una cadena. Todas las cosas que veía se la aparecieron entonces a ella como presidiarios que se lamentan de sus prisiones y sin embargo aman su presidio. Ella, como era libre, podía —69→ romper la cadena, y la había roto...; pero agarrada a la cadena se le quedaba la mitad del alma.

30

«¡Adiós, adiós!» se decía doña Berta, queriendo bajar aprisa; y no se movía. En su corazón había el dolor de muchas generaciones de Rondaliegos que se despedían de su tierra: El padre, los hermanos, los abuelos..., todos allí, en su pecho y en su garganta, ahogándose de pena con ella...

—Pero, doña Berta, ¡que vamos a perder el tren! —gritó allá abajo Pumariega; y a ella le sonó como si dijese: «Que va usted a perder la horca».

En el patio estaban ya D. Casto y el espolique; el verdugo y su ayudante, y también el burro en que doña Berta había de montar para ir al palo.

El gato iba en una cesta.

CAPÍTULO VIII

Amanecía, y la nieve que caía a montones, con su silencio felino que tiene el aire traidor del andar del gato, iba echando, capa sobre capa, por toda la anchura de la Puerta del Sol, paletadas de armiño, que ya habían borrado desde horas atrás las huellas de los transeúntes trasnochadores. Todas las puertas estaban cerradas. Sólo había una entreabierta, la del Principal; una mesa con buñuelos, que alguien había intentado sacar al aire libre, la habían retirado al portal de Gobernación. Doña Berta, que contemplaba el espectáculo desde una esquina de la calle del Carmen, no comprendía por qué dejaban freír buñuelos, o, por lo menos, venderlos en el portal del Ministerio; pero ello era que por allí había desaparecido la mesa, y tras ella dos guardias y uno que parecía de telégrafos. Y quedó la plaza sola; solas doña Berta y la nieve. Estaba inmóvil la vieja; los pies, calzados con chanclos, hundidos en la blandura; el paraguas abierto, cual forrado de tela blanca. «Como allá —pensaba—, así estará el Aren». Iba a misa de alba. La iglesia era su refugio; sólo allí encontraba algo que se pareciese a lo de allá. Sólo se sentía unida a sus semejantes de la corte por el vínculo religioso. «Al fin —se decía— todos católicos, todos hermanos». Y esta reflexión le quitaba algo del miedo que le inspiraban todos los desconocidos, más que uno a uno, considerados en conjunto, como multitud, como gente. La misa era como la que ella oía en Zaornín, en la hijuela de Piedeloro. El cura decía lo mismo y hacía lo mismo. Siempre era un consuelo. El oír todos los días misa era por esto; pero el madrugar tanto era por otra cosa. Contemplar a Madrid desierto la reconciliaba un poco con él. Las calles le parecían menos enemigas, más semejantes a las callejas; los árboles más semejantes a los árboles de verdad. Había querido pasear por las afueras..., ¡pero estaban tan lejos! ¡Las piernas suyas eran tan flacas, y los coches tan caros y tan peligrosos!... Por fin, una, dos veces llegó a los límites de aquel caserío que se le antojaba inacabable...; pero renunció a tales descubrimientos, porque el campo no era campo, era un desierto; ¡todo pardo!, ¡todo seco! Se le apretaba el corazón, y se tenía una lástima infinita. «¡Yo debía haberme muerto sin ver esto!, sin saber que había esta desolación en el mundo; para una pobre vieja de Susacasa, aquel rincón de la verde alegría es demasiada pena estar tan lejos del verdadero mundo, de la verdadera tierra, y estar separada de la frescura, de la hierba, de las ramas, por estas leguas y leguas de piedra y polvo». Mirando las tristes lontananzas, sentía la impresión de mascar polvo y manosear tierra seca, y se le crispaban las manos. Se sentía tan extraña a todo lo que la rodeaba, que a veces, en mitad del arroyo, tenía que contenerse para no pedir socorro, para no pedir que por caridad la llevasen a su Posadorio. A pesar de tales tristezas, andaba por la calle sonriendo, sonriendo de miedo a la multitud, de quien era cortesana, a la que quería halagar, adular, para que no le hiciesen daño. Dejaba la acera a todos. Como era sorda, quería adivinar con la mirada si los transeúntes con quienes tropezaba le decían algo; y por eso sonreía, y saludaba con cabezadas expresivas, y murmuraba excusas. La multitud debía de simpatizar con la pobre anciana, pulcra, vivaracha, vestida de seda de color de tabaco; muchos le sonreían también, le dejaban el paso franco; nadie la había robado ni pretendido estafar. Con todo, ella no perdía el miedo, y no se sospecharía, al verla detenerse y santiguarse antes de salir del portal de su casa, que en aquella anciana era un heroísmo cada día el echarse a la calle.

Temía a la multitud..., pero sobre todo temía el ser atropellada, pisada, triturada por caballos, por ruedas. Cada coche, cada carro, era una fiera suelta que se le echaba encima. Se arrojaba a atravesar la Puerta del Sol como una mártir cristiana podía entrar en la arena del circo. El tranvía le parecía un monstruo cauteloso, una serpiente insidiosa. La guillotina se la figuraba como una cosa semejante a las ruedas escondidas resbalando como una cuchilla sobre las dos líneas de hierro. El rumor de ruedas, pasos, campanas, silbatos y trompetas llegaba a su cerebro confuso, formidable, en su misteriosa penumbra del sonido. Cuando el tranvía llegaba por detrás y ella advertía su proximidad por señales que eran casi adivinaciones, por una especie de reflejo del peligro próximo en los demás transeúntes, por un temblor suyo, por el indeciso rumor, se apartaba doña Berta con ligereza nerviosa, que parecía imposible en una anciana; dejaba paso a la fiera, volviéndole la cara, y también sonreía al tranvía, y hasta le hacía una involuntaria reverencia; pura adulación, porque en el fondo del alma lo aborrecía, sobre todo por traidor y alevoso. ¡Cómo se echaba encima! ¡Qué bárbara y refinada crueldad!... Muchos transeúntes la habían salvado de graves peligros, sacándola de entre los pies de los caballos o las ruedas de los coches; la cogían en brazos, le daban empujones por librarla de un atropello... ¡Qué agradecimiento el suyo! ¡Cómo se volvía hacia su salvador deshaciéndose en gestos y palabras de elogio y reconocimiento! «Le debo a usted la vida. Caballero, si yo pudiera algo... Soy sorda muy sorda, perdone usted; pero todo lo que yo pudiera...». Y la dejaban con la palabra en la boca aquellas providencias de paso. «¿Por qué tendré yo tanto miedo a la gente, si hay tantas personas buenas que la sacan a una de las garras de la muerte?». No la extrañaría que la muchedumbre indiferente la dejase pisotear por un caballo, partir en dos por una rueda, sin tenderle una mano, sin darle una voz de aviso. ¿Qué tenía ella que ver con todos aquellos desconocidos? ¿Qué importaba ella en el mundo, fuera de Zaornín, mejor, de Susacasa? Por eso agradecía tanto que se le ayudase a huir de un coche, del tranvía... También ella quería servir al prójimo. La vida de la calle era, en su sentir, como una batalla de todos los días, en que entraban descuidados, valerosos, todos los habitantes de Madrid: la batalla de los choques, de los atropellos; pues en esa jornada de peligros sin fin, quería ella también ayudar a sus semejantes, que al fin lo eran, aunque tan extraños, tan desconocidos. Y siempre caminaba ojo avizor, supliendo el oído con la vista, con la atención preocupada con sus pasos y los de los demás. En cada bocacalle, en cada paso de adoquines, en cada plaza había un tiroteo, así se lo figuraba, de coches y caballos, los mayores peligros; y al llegar a estos tremendos trances de cruzar la vía pública, redoblaba su atención, y, con miedo y todo, pensaba en los demás como en sí misma; y grande era su satisfacción cuando podía salvar de un percance de aquellos a un niño, a un anciano, a una pobre vieja, como ella; a quienquiera que fuese. Un día, a la hora de mayor circulación, vio desde la acera del Imperial a un borracho que atravesaba la Puerta del Sol, haciendo grandes eses, con mil circunloquios y perífrasis de los pies; y en tanto, tranvías, ripperts y simones, ómnibus y carros, y caballos y mozos de cordel cargados iban y venían, como saetas que se cruzan en el aire... Y el borracho sereno, a fuerza de no estarlo, tranquilo, caminaba agotando el tratado más completo de curvas, imitando toda clase de órbitas y eclípticas, sin soñar siquiera con el peligro, con aquel fuego graneado de muertes seguras que iba atravesando con sus traspiés. Doña Berta le veía avanzar, retroceder, librar por milagro de cada tropiezo, perseguido en vano por los gritos desdeñosos de los cocheros y jinetes...; y ella, con las manos unidas por las palmas, rezaba a Dios por aquel hombre desde la acera, como hubiera podido desde la costa orar por la vida de un náufrago que se ahogara a su vista.

Y no respiró hasta que vio al de la mona en el puerto seguro de los brazos de un polizonte, que se lo llevaba no sabía ella adónde. ¡La Providencia, el Ángel de la Guarda velaba, sin duda alguna, pon la suerte y los malos pasos de los borrachos de la corte!

Aquella preocupación constante del ruido, del tránsito, de los choques y los atropellos, había llegado a ser una obsesión; una manía, la inmediata impresión material constante, repetida sin cesar, que la apartaba, a pesar suyo, de sus grandes pensamientos, de su vida atormentada de pretendiente. Sí, tenía que confesarlo; pensaba mucho más en los peligros de las masas de gente, de los coches y tranvías, que en su pleito, en su descomunal combate con aquellos ricachones que se oponían a que ella lograse el anhelo que la había arrastrado hasta Madrid. Sin saber cómo ni por qué, desde que se había visto fuera de Posadorio, sus ideas y su corazón habían padecido un trastorno; pensaba y sentía con más egoísmo; se tenía mucha lástima a sí misma, y se acordaba con horror de la muerte. ¡Qué horrible debía de ser irse nada menos que a otro mundo, cuando ya era tan gran tormento dar unos pasos fuera de Susacasa, por esta misma tierra, que, lo que es parecer, ya parecía otra! Desde que se había metido en el tren, le había acometido un ansia loca de volverse atrás, de apearse, de echar a correr en busca de los suyos, que eran Sabelona y los árboles, y el prado y el palacio..., todo aquello que dejaba tan lejos. Perdió la noción de las distancias, y se le antojó que había recorrido espacios infinitos; no creía imposible que se pudiera desandar lo andado en menos de siglos... ¡Y qué dolor de cabeza! ¡Y qué fugitiva le parecía la existencia de todos los demás, de todos aquellos desconocidos sin historia, tan indiferentes, que entraban y salían en el coche de segunda en que iba ella, que le pedían billetes, que le ofrecían servicios, que la llevaban en un cochecillo a una posada! ¡Estaba perdida, perdida en el gran mundo, en el infinito universo, en un universo poblado de fantasmas! Se le figuraba que habiendo tanta gente en la tierra, perdía valor cada cual; la vida de este, del otro, no importaba nada; y así debían de pensar las demás gentes, a juzgar por la indiferencia con que se veían, se hablaban y se separaban para siempre. Aquel teje maneje de la vida; aquella confusión de las gentes, se le antojaba como los enjambres de mosquitos de que ella huía en el bosque y junto al río en verano. Pasó algunos días en Madrid sin pensar en moverse, sin imaginar que fuera posible empezar de algún modo sus diligencias para averiguar lo que necesitaba saber, lo que la llevaba a la corte. Positivamente había sido una locura. Por lo pronto, pensaba en sí misma, en no morirse de asco en la mesa, de tristeza en su cuarto interior con vistas a un callejón sucio que llamaban patio, de frío en la cama estrecha, sórdida, dura, miserable. Cayó enferma. Ocho días de cama le dieron cierto valor; se levantó algo más dispuesta a orientarse en aquel infierno que no había sospechado que existiera en este mundo. El ama de la posada llegó a ser una amiga; tenía ciertos visos de caritativa; la miseria no la dejaba serlo por completo. Doña Berta empezó a preguntar, a inquirir...; salió de casa. Y entonces fue cuando empezó la fiebre del peligro de la calle. Esta fiebre no había de pasar como la otra. Pero en fin, entre sus terrores, entre sus batallas, llegó a averiguar algo; que el cuadro que buscaba yacía depositado en un caserón cerrado al público, donde le tenía el Gobierno hasta que se decidiera si se quedaba con un Ministro o se lo llevaba un señorón americano para su palacio de Madrid primero, y después tal vez para su palacio de la Habana. Todo esto sabía, pero no el precio del cuadro, que no había podido ver todavía. Y en esto andaba; en los pasos de sus pretensiones para verlo.

Aquella mañana fría, de nieve, era la de un día que iba a ser solemne para doña Berta; le habían ofrecido, por influencia de un compañero de pupilaje, que se le dejaría ver, por favor, el cuadro famoso, que ya no estaba expuesto al público, sino tendido en el suelo, para empaquetarlo, en una sala fría y desierta, allá en las afueras. ¡Pícara casualidad! O aquel día, o tal vez nunca. Había que atravesar mucha nieve... No importaba. Tomaría un simón, por extraordinario, si era que los dejaban circular aquel día. ¡Iba a ver a su hijo! Para estar bien preparada, para ganar la voluntad divina a fin de que todo le saliera bien en sus atrevidas pretensiones, primero iba a la iglesia, a misa de alba. La Puerta del Sol, nevada, solitaria, silenciosa, era de buen agüero. «Así estará allá. ¡Qué limpia sábana!, ¡qué blancura sin mancha! Nada de caminitos, nada de sendas de barro y escarcha, nada de huellas... Se parece a la nieve del Aren, que nadie pisa».

CAPÍTULO IX

En la iglesia, obscura, fría, solitaria, ocupó un rincón que ya tenía por suyo. Las luces del altar y de las lámparas le llevaban un calorcillo familiar, de hogar querido, al fondo del alma. Los murmullos del latín del cura, mezclados con toses del asma, le sonaban a gloria, a cosa de allá. Las imágenes de los altares, que se perdían vagamente en la penumbra, hablaban con su silencio de la solidaridad del cielo y la tierra, de la constancia de la fe, de la unidad del mundo, que era la idea que perdía doña Berta (sin darse cuenta de ello, es claro) en sus horas de miedo, decaimiento, desesperación. Salió de la iglesia animada, valiente, dispuesta a luchar por su causa. A buscar al hijo... y a los acreedores del hijo.

Llegó la hora, después de almorzar mal, de prisa y sin apetito; salió sola con su tarjeta de recomendación, tomó un coche de punto1, dio las señas del barracón lejano, y al oír al cochero blasfemar y ver que vacilaba; como buscando un pretexto para no ir tan lejos, sonriente y persuasiva dijo doña Berta: «¡Por horas!» y a poco, paso tras paso, un triste animal amarillento y escuálido la arrastraba calle arriba. Doña Berta, con su tarjeta en la mano, venció dificultades de portería, y después de andar de sala en sala, muerta de frío, oyendo apagados los golpes secos de muchos martillos que clavaban cajones, llegó a la presencia de un señor gordo, mal vestido, que parecía dirigir aquel estrépito y confusión de la mudanza del arte. Los cuadros se iban, los más ya se habían ido; en las paredes no quedaba casi ninguno. Había que andar con cuidado para no pisar los lienzos que tapizaban el pavimento: ¡los miles de duros que valdría aquella alfombra! Eran los cuadros grandes, algunos ya famosos, los que yacían tendidos sobre la tarima. El señor gordo leyó la tarjeta de doña Berta, miró a la vieja de hito en hito, y cuando ella le dio a entender sonriendo y señalando a un oído que estaba sorda, puso mala cara; sin duda le parecía un esfuerzo demasiado grande levantar un poco la voz en obsequio de aquel ser tan insignificante, recomendado por un cualquiera de los que se creen amigos y son conocidos, indiferentes.

—¿Conque quiere usted ver el cuadro de Valencia? Pues por poco se queda usted in albis, abuela. Dentro de media hora ya estará camino de su casa.

—¿Dónde está, dónde está?, ¿cuál es? —preguntó ella temblando.

—Ese.

Y el hombre gordo señaló con un dedo una gran sábana de tela gris, como sucia, que tenía a sus pies tendida.

—¡Ese, ese! Pero... ¡Dios mío!, ¡no se ve nada!

El otro se encogió de hombros.

—¡No se ve nada!... —repitió doña Berta con terror, implorando compasión con la mirada y el gesto y la voz temblorosa.

—¡Claro! Los lienzos no se han hecho para verlos en el suelo. Pero ¡qué quiere usted que yo le haga! Haber venido antes.

—No tenía recomendación. El público no podía entrar aquí. Estaba cerrado esto...

El hombre gordo y soez volvió a levantar los hombros, y se dirigió a un grupo de obreros para dar órdenes y olvidar la presencia de aquella dama vieja.

Doña Berta se vio sola, completamente sola ante la masa informe de manchas confusas, tristes, que yacía a sus pies.

—¡Y mi hijo está ahí! ¡Es eso..., algo de eso gris, negro, blanco, rojo, azul, todo mezclado, que parece una costra!...

Miró a todos lados como pidiendo socorro.

—¡Ah, es claro! Por mi cara bonita no han de clavarlo de nuevo en la pared... Ni marco tiene...

Cuatro hombres de blusa, sin reparar en la anciana, se acercaron a la tela, y con palabras que doña Berta no podía entender, comenzaron a tratar de la manera mejor de levantar el cuadro y llevarlo a lugar más cómodo para empaquetarlo...

La pobre setentona los miraba pasmada, queriendo adivinar su propósito... Cuando dos de los mozos se inclinaron para echar mano a la tela, doña Berta dio un grito.

—¡Por Dios, señores! ¡Un momento!... —exclamó agarrándose con dedos que parecían tenazas a la blusa de un joven rubio y de cara alegre—. ¡Un momento!... ¡Quiero verle!... ¡Un instante!... ¡Quién sabe si volveré a tenerle delante de mí!

Los cuatro mozos miraron con asombro a la vieja, y soltaron sendas carcajadas.

—Debe de estar loca —dijo uno.

Entonces doña Berta, que no lloraba a menudo, a pesar de tantos motivos, sintió, como un consuelo, dos lágrimas que asomaban a sus ojos. Resbalaron claras, solitarias, solemnes, por sus enjutas mejillas.

Los obreros las vieron correr, y cesaron de reír.

No debía de estar loca. Otra cosa sería. El rubio risueño la dio a entender que ellos no mandaban allí, que el cuadro aquel no podía verse ya más tiempo, porque mudaba de casa: lo llevaban a la de su dueño, un señor americano muy rico que lo había comprado.

—Sí, ya sé..., por eso..., yo tengo que ver esa figura que hay en el medio...

—¿El capitán?

—Sí, eso es, el capitán. ¡Dios mío!... Yo he venido de mi pueblo, de mi casa, nada más que por esto, por ver al capitán..., y si se lo llevan, ¿quién me dice a mí que podré entrar en el palacio de ese señorón? Y mientras yo intrigo para que me dejen entrar, ¿quién sabe si se llevarán el cuadro a América?

Los obreros acabaron por encogerse de hombros, como el señor gordo, que había desaparecido de la sala.

—Oigan ustedes —dijo doña Berta—; un momento... ¡por caridad! Esta escalera de mano que hay aquí puede servirme... Sí; si ustedes me la acercan un poco... ¡yo no tengo fuerzas!...; si me la acercan aquí, delante de la pintura..., por este lado..., yo... podré subir..., subir tres, cuatro, cinco travesaños... agarrándome bien... ¡Vaya si podré!..., y desde arriba se verá algo...

—Va usted a matarse, abuela.

—No, señor; allá en la huerta, yo me subía así para coger fruta y tender la ropa blanca... No me caeré, no. ¡Por caridad! Ayúdenme. Desde ahí arriba, volviendo bien la cabeza, debe de verse algo... ¡Por caridad! Ayúdenme.

El mozo rubio tuvo lástima; los otros no. Impacientes, echaron mano a la tela, en tanto que su compañero, con mucha prisa, acercaba la escalera; y mientras la sujetaba por un lado para que no se moviera, daba la mano a doña Berta, que, apresurada y temblorosa, subía con gran trabajo uno a uno aquellos travesaños gastados y resbaladizos. Subió cinco, se agarró con toda la fuerza que tenía a la madera, y, doblando el cuello, contempló el lienzo famoso... que se movía, pues los obreros habían comenzado a levantarlo. Como un fantasma ondulante, como un sueño, vio entre humo, sangre, piedras, tierra, colorines de uniformes, una figura que la miró a ella un instante con ojos de sublime espanto, de heroico terror...: la figura de su capitán, del que ella había encontrado, manchado de sangre también, a la puerta de Posadorio. Sí, era su capitán, mezclado con ella misma, con su hermano mayor; era un Rondaliego injerto en el esposo de su alma: ¡era su hijo! Pero pasó como un relámpago, moviéndose en zizás, supino como si le llevaran a enterrar... Iba con los brazos abiertos, una espada en la mano, entre piedras que se desmoronan y arena, entre cadáveres y bayonetas. No podía fijar la imagen; apenas había visto más que aquella figura que le llenó el alma de repente, tan pálida, ondulante, desvanecida entre otras manchas y figuras... Pero la expresión de aquel rostro, la virtud mágica de aquella mirada, eran fijas, permanecían en el cerebro... Y al mismo tiempo que el cuadro desaparecía, llevado por los operarios, la vista se le nublaba, a doña Berta, que perdía el sentido, se desplomaba y venía a caer, deslizándose por la escalera, en los brazos del mozo compasivo que la había ayudado en su ascensión penosa.

Aquello también era un cuadro; parecía a su manera, un Descendimiento.

CAPÍTULO X

En el mismo coche que ella había tomado por horas, y la esperaba a la puerta, fue trasladada a su casa doña Berta, que volvió en sí muy pronto, aunque sin fuerzas para andar apenas. Otros dos días de cama. Después la actividad nerviosa, febril, resucitada; nuevas pesquisas, más olfatear recomendaciones para saber dónde vivía el dueño de su capitán y ser admitida en su casa, poder contemplar el cuadro... y abordar la cuestión magna... la de la compra.

Doña Berta no hablaba a nadie, ni aun a los que la ayudaban a buscar tarjetas de recomendación, de sus pretensiones enormes de adquirir aquella obra maestra. Tenía miedo de que supieran en la posada que era bastante rica para dar miles de duros por una tela, y temía que la robasen su dinero, que llevaba siempre consigo. Jamás había cedido al consejo de ponerlo en un Banco, de depositarlo... No entendía de eso. Podían estafarla; lo más seguro eran sus propias uñas. Cosidos los billetes a la ropa, al corsé: era lo mejor.

Aislada del mundo (a pesar de corretear por las calles más céntricas de Madrid) por la sordera y por sus costumbres, en que no entraba la de saber noticias por los periódicos —no los leía, ni creía en ellos—, ignoraba todavía un triste suceso, que había de influir de modo decisivo en sus propios asuntos. No lo supo hasta que logró, por fin, penetrar en el palacio de su rival el dueño del cuadro. Era un señor de su edad, aproximadamente, sano, fuerte, afable, que procuraba hacerse perdonar sus riquezas repartiendo beneficios; socorría a la desgracia, pero sin entenderla; no sentía el dolor ajeno, lo aliviaba; por la lógica llegaba a curar estragos de la miseria, no por revelaciones de su corazón, completamente ocupado con la propia dicha. Doña Berta le hizo gracia. Opinó, como los mozos aquellos del barracón de los cuadros, que estaba loca. Pero su locura era divertida, inofensiva, interesante. «¡Figúrense ustedes —decía en su tertulia de notabilidades de la banca y de la política—, figúrense ustedes que quiere comprarme el último cuadro de Valencia!». Carcajadas unánimes respondían siempre a estas palabras.

El último cuadro de Valencia se lo había arrancado aquel prócer americano al mismísimo Gobierno a fuerza de dinero y de intrigas diplomáticas. Habían venido hasta recomendaciones del extranjero para que el pobre diablo del Ministro de Fomento tuviera que ceder, reconociendo la prioridad del dinero. Además la justicia, la caridad, estaban de parte del fúcar. Los herederos de Valencia, que eran los hospitales, según su testamento, salían ganando mucho más con que el americano se quedara con la joya artística; pues el Gobierno no había podido pasar de la cantidad fijada como precio al cuadro en vida del pintor, y el ricachón ultramarino pagaba su justo precio en consideración a ser venta póstuma. La cantidad a entregar había triplicado por el accidente de haber muerto el autor del cuadro aquel otoño, allá en Asturias, en un poblachón obscuro de los puertos, a consecuencia de un enfriamiento, de una gran mojadura. En la preferencia dada al más rico había habido algo de irregularidad legal; pero lo justo, en rigor, era que se llevase el cuadro el que había dado más por él.

Doña Berta no supo esto los primeros días que visitó el museo particular del americano. Tardó en conocer y hablar al millonario, que la había dejado entrar en su palacio por una recomendación, sin saber aún quién era, ni sus pretensiones. Los lacayos dejaban pasar a la vieja, que se limpiaba muy bien los zapatos antes de pisar aquellas alfombras, repartía sonrisas y propinas y se quedaba como en misa, recogida, absorta, contemplando siempre el mismo lienzo, el del pleito, como lo llamaban en la casa.

El cuadro, metido en su marco dorado, fijo en la pared, en aquella estancia lujosa, entre muchas otras maravillas del arte, le parecía otro a doña Berta. Ahora le contemplaba a su placer; leía en las facciones y en la actitud del héroe que moría sobre aquel montón sangriento y glorioso de tierra y cadáveres, en una aureola de fuego y humo; leía todo lo que el pintor había querido expresar; pero... no siempre reconocía a su hijo. Según las luces, según el estado de su propio ánimo, según había comido y bebido, así adivinaba o no en aquel capitán del cuadro famoso al hijo suyo y de su capitán. La primera vez que sintió vacilar su fe, que sintió la duda, tuvo escalofríos, y le corrió por el espinazo un sudor helado como de muerte.

Si perdía aquella íntima convicción de que el capitán del cuadro era su hijo, ¿qué iba a ser de ella? ¡Cómo entregar toda su fortuna, cómo abismarse en la miseria por adquirir un pedazo de lienzo que no sabía si era o no el sudario de la imagen de su hijo! ¡Cómo consagrarse después a buscar al acreedor o a su familia para pagarles la deuda de aquel héroe, si no era su hijo!

¡Y para dudar, para temer engañarse había entregado a la avaricia y la usura su Posadorio, su verde Aren! ¡Para dudar y temer había ella consentido en venir a Madrid, en arrojarse al infierno de las calles, a la batalla diaria de los coches, caballos y transeúntes!

Repitió sus visitas al palacio del americano, con toda la frecuencia que le consentían. Hubo día de acudir a su puesto, frente al cuadro, por mañana y tarde. Las propinas alentaban la tolerancia de los criados. En cuanto salía de allí, el anhelo de volver se convertía en fiebre. Cuando dudaba, era cuando más deseaba tornar a su contemplación, para fortalecer su creencia, abismándose como una extática en aquel rostro, en aquellos ojos a quien quería arrancar la revelación de su secreto. ¿Era o no era su hijo? «Sí, sí», decía unas veces el alma. «Pero, madre ingrata, ¿ni aun ahora me reconoces?» parecían gritar aquellos labios entreabiertos. Y otras veces los labios callaban y el alma de doña Berta decía: «¡Quién sabe, quién sabe! Puede ser casualidad el parecido, casualidad y aprensión. ¿Y si estoy loca? Por lo menos, ¿no puedo estar chocha? Pero ¿y el tener algo de mi capitán y algo mío, de todos los Rondaliegos? ¡Es él... no es él!...».

Se acordó de los santos; de los santos místicos, a quienes también solía tentar el demonio; a quienes olvidaba el Señor de cuando en cuando, para probarlos, dejándolos en la aridez de un desierto espiritual.

Y los santos vencían; y aun obscurecido, nublado el sol de su espíritu... creían y amaban... oraban en la ausencia del Señor, para que volviera.

Doña Berta acabó por sentir la sublime y austera alegría de la fe en la duda. Sacrificarse por lo evidente, ¡vaya una gloria!, ¡vaya un triunfo! La valentía estaba en darlo todo, no por su fe... sino por su duda. En la duda amaba lo que tenía de fe, como las madres aman más y más al hijo cuando está enfermo o cuando se lo roba el pecado. «La fe débil, enferma» llegó a ser a sus ojos más grande que la fe ciega, robusta.

Desde que sintió así, su resolución de mover cielo y tierra para hacer suyo el cuadro fue más firme que nunca.

Y en esta disposición de ánimo estaba, cuando por primera vez encontró al rico americano en el salón de su museo: El primer día no se atrevió a comunicarle su pretensión inaudita. Ni siquiera a preguntarle el precio de la pintura famosa. A la segunda entrevista, solicitada por ella, le habló solemnemente de su idea, de su ansia infinita de poseer2 aquel lienzo.

Ella sabía cuánto iba a dar por él, tiempo atrás, el Estado. Su caudal alcanzaba a tal suma, y aún sobraban miles de pesetas para pagar la deuda de su hijo, si los acreedores parecían. Doña Berta aguardó anhelante la respuesta del millonario; sin parar mientes en el asombro que él mostraba, y que ya tenía ella previsto. Entonces fue cuando supo por qué el pintor amigo no había contestado a la carta que le había enviado por un propio: supo que el compañero de su hijo, el artista insigne y simpático que había cambiado la vida de la última Rondaliego al final de su carrera, aquel aparecido del bosque... había muerto allá en la tierra, en una de aquellas excursiones suyas en busca de lecciones de la Naturaleza.

¡Y el cuadro de su capitán, por causa de aquella muerte, valía ahora tantos miles de duros, que todo Susacasa, aunque fuese tres veces más grande, no bastaría para pagar aquellas pocas varas de tela!

La pobre anciana lloró, apoyada en el hombro del fúcar ultramarino, que era muy llano, y sabía tener todas las apariencias de los hombres caritativos... La buena señora estaba loca, sin duda; pero no por eso su dolor era menos cierto, y menos interesante la aventura. Estuvo amabilísimo con la abuelita; procuró engañarla como a los niños; todo menos, es claro, soltar el cuadro, no ya por lo que ella podía ofrecerle, sino por lo mismo que valía. ¡Estaría bien! ¿Qué diría el Gobierno? Además, aun suponiendo que la buena mujer dispusiera del capital que ofrecía, acceder a sus ruegos era perderla, arruinarla; caso de prodigalidad, de locura. ¡Imposible!

Doña Berta lloró mucho, suplicó mucho, y llegó a comprender que el dueño de su bien único tenía bastante paciencia aguantándola, aunque no tuviera bastante corazón para ablandarse. Sin embargo, ella esperaba que Dios la ayudase con un milagro; se prometió sacar agua de aquella peña, ternura de aquel canto rodado que el millonario llevaba en el pecho. Así, se conformó por lo pronto con que la dejara, mientras el cuadro no fuera trasladado a América, ir a contemplarlo todos los días; y de cuando en cuando también habría de tolerar que le viese a él, al ricachón, y le hablase y le suplicase de rodillas... A todo accedió el hombre, seguro de no dejarse vencer ¡es claro!, porque era absurdo.

Y doña Berta iba y venía, atravesando los peligros de las ruedas de los coches y de los cascos de los caballos; cada vez más aturdida, más débil... y más empeñada en su imposible. Ya era famosa, y por loca reputada en el círculo de las amistades del americano, y muy conocida de los habituales transeúntes de ciertas calles.

Medio Madrid tenía en la cabeza la imagen de aquella viejecilla sonriente, vivaracha, amarillenta, vestida de color de tabaco, con traje de moda atrasadísima, que huía de los ómnibus, que se refugiaba en los portales, y hablaba cariñosa y con mil gestos a la multitud que no se paraba a oírla.

Una tarde, al saber la de Rondaliego que el de la Habana se iba y se llevaba su museo, pálida como nunca, sin llorar, esto a duras penas, con la voz firme al principio, pidió la última conferencia a su verdugo; y a solas, frente a su hijo, testigo mudo, muerto..., le declaró su secreto, aquel secreto que andaba por el mundo en la carta perdida al pintor difunto. Ni por esas. El dueño del cuadro ni se ablandó ni creyó aquella nueva locura. Admitiendo que no fuera todo pura fábula, pura invención de la loca; suponiendo que, en efecto, aquella señora hubiera tenido un hijo natural, ¿cómo podía ella asegurar que tal hijo era el original del supuesto retrato del cuadro? Todo lo que doña Berta pudo conseguir fue que la permitieran asistir al acto solemne y triste de descolgar el cuadro y empaquetarlo para el largo viaje; se la dejaba ir a despedirse para siempre de su capitán, de su presunto hijo. Algo más ofreció el millonario; guardar el secreto, por de contado; pero sin perjuicio de iniciar pesquisas para la identificación del original de aquella figura, en el supuesto de que no fuera pura fábula lo que la anciana refería. Y doña Berta se despidió hasta el día siguiente, el último, relativamente tranquila, no porque se resignase, sino porque todavía esperaba vencer. Sin duda quería Dios probarla mucho, y reservaba para el último instante el milagro. «¡Oh, pero habría milagro!».

CAPÍTULO XI

Y aquella noche soñó doña Berta que de un pueblo remoto, allá en los puertos de su tierra, donde había muerto el pintor amigo, llegaba como por encanto, con las alas del viento, un señor notario, pequeño, pequeñísimo, casi enano, que tenía voz de cigarra y gritaba agitando en la mano un papel amarillento: «¡Eh, señores!, deténganse; aquí está el último testamento, el verdadero, el otro no vale; el cuadro de doña Berta no lo deja el autor a los hospitales; se lo regala, como es natural, a la madre de su capitán, de su amigo... Con que recoja usted los cuartos, señor americano el de los millones, y venga el cuadro...; pase a su dueño legítimo doña Berta Rondaliego».

Despertó temprano, recordó el sueño y se puso de mal humor, porque aquella solución, que hubiera sido muy a propósito para realizar el milagro que esperaba la víspera, ya había que descartarla. ¡Ay! ¡Demasiado sabía ella, por toda la triste experiencia de su vida, que las cosas soñadas no se cumplen!

Salió al comedor a pedir el chocolate, y se encontró allí con un incidente molesto, que era importuno sobre todo, porque haciéndola irritarse, le quitaba aquella unción que necesitaba para ir a dar el último ataque al empedernido Creso y a ver si había milagro.

Ello era que la pupilera, doña Petronila, le ponía sobre el tapete (el tapete de la mesa del comedor) la cuestión eterna, única que dividía a aquellas dos pacíficas mujeres, la cuestión del gato. No se le podía sufrir, ya se lo tenía dicho; parecía montés; con sus mimos de gato único de dos viejas de edad, con sus costumbres de animal campesino, independiente, terco, revoltoso y huraño, salvaje, en suma, no se le podía aguantar. Como no había huerta adonde poder salir, ensuciaba toda la casa, el salón inclusive; rompía vasos y platos, rasgaba sillas, cortinas, alfombras, vestidos; se comía las golosinas y la carne. Había que tomar una medida. O salían de casa el gato y su ama, o esta accedía a una reclusión perpetua del animalucho en lugar seguro, donde no pudiera escaparse. Doña Berta discutió, defendió la libertad de su mejor amigo, pero al fin cedió, porque no quería complicaciones domésticas en día tan solemne para ella. El gato de Sabelona fue encerrado en la guardilla, en una trastera, prisión segura, porque los hierros del tragaluz tenían red de alambre. Como nadie habitaba por allí cerca, los gritos del prisionero no podían interrumpir el sueño de los vecinos; nadie lo oiría, aunque se volviera tigre para vociferar su derecho al aire libre.

Salió doña Berta de su posada, triste, alicaída, disgustada y contrariada con el incidente del gato y el recuerdo del sueño, que tan bueno hubiera sido para realidad. Era día de fiesta; la circulación a tales horas producía espanto en el ánimo de la Rondaliego. El piso estaba resbaladizo, seco y pulimentado por la helada... Era temprano; había que hacer tiempo. Entró en la iglesia, oyó dos misas; después fue a una tienda a comprar un collar para el gato, con ánimo de bordarle en él unas iniciales, por si se perdía, para que pudiera ser reconocido... Por fin, llegó la hora. Estaba en la Carrera de San Jerónimo; atravesó la calle; a fuerza de cortesías y codazos discretos, temerosos, se hizo paso entre la multitud que ocupaba la entrada del Imperial. Llegó el trance serio, el de cruzar la calle de Alcalá. Tardó un cuarto de hora en decidirse. Aprovechó una clara, como ella decía, y, levantado un poco el vestido, echó a correr... y sin novedad, entre la multitud que se la tragaba como una ola, arribó a la calle de la Montera, y la subió despacio, porque se fatigaba. Se sentía más cansada que nunca. Era la debilidad acaso; el chocolate se le había atragantado con la riña del gato. Atravesó la red de San Luis, pensando: «Debía haber cruzado por abajo, por donde la calle es más estrecha». Entró en la calle de Fuencarral, que era de las que más temía; allí los raíles[3] del tranvía le parecían navajas de afeitar al ras de sus carnes: ¡iban tan pegados a la acera! Al pasar frente a un caserón antiguo que hay al comenzar la calle, se olvidó por un momento, contra su costumbre, del peligro y de sus cuidados para no ser atropellada; y pensó: «Ahí creo que vive el señor Cánovas... Ese podía hacerme el milagro. Darme... una Real orden... yo no sé... en fin, un vale para que el señor americano tuviera que venderme el cuadro a la fuerza... Dicen que este don Antonio manda tanto... ¡Dios mío!, el mandar mucho debía servir para esto, para mandar las cosas justas que no están en las leyes». Mientras meditaba así, había dado algunos pasos sin sentir por dónde iba. En aquel momento oyó un ruido confuso como de voces, vio manos tendidas hacia ella, sintió un golpe en la espalda... que la pisaban el vestido... «El tranvía», pensó. Ya era tarde. Sí, era el tranvía. Un caballo la derribó, la pisó; una rueda le pasó por medio del cuerpo. El vehículo se detuvo antes de dejar atrás a su víctima. Hubo que sacarla con gran cuidado de entre las ruedas. Ya parecía muerta. No tardó diez minutos en estarlo de veras. No habló, ni suspiró, ni nada. Estuvo algunos minutos depositada sobre la acera, hasta que llegara la autoridad. La multitud, en corro, contemplaba el cadáver. Algunos reconocieron a la abuelita que tanto iba y venía y que sonreía a todo el mundo. Un periodista, joven y risueño, vivaracho, se quedó triste de repente, recordando, y lo dijo al concurso, que aquella pobre anciana le había librado a él de una cogida por el estilo en la calle Mayor, junto a los Consejos. No repugnaba ni horrorizaba el cadáver. Doña Berta parecía dormida, porque cuando dormía parecía muerta. De color de marfil amarillento el rostro; el pelo, de ceniza, en ondas; lo demás, botinas inclusive, todo tabaco. No había más que una mancha roja, un reguerillo de sangre que salía por la comisura de los labios blanquecinos y estrechos. En el público había más simpatía que lástima. De una manera o de otra, aquella mujercilla endeble no podía durar mucho; tenía qué descomponerse pronto. En pocos minutos se borró la huella de aquel dolor; se restableció el tránsito, desapareció el cadáver, desapareció el tranvía, y el siniestro pasó de la calle al Juzgado y a los periódicos. Así acabó la última Rondaliego, doña Berta la de Posadorio.

En la calle de Tetuán, en un rincón de una trastera, en un desván, quedaba un gato, que no tenía otro nombre, que había sido feliz en Susacasa, cazador de ratones campesinos, gran botánico, amigo de las mariposas y de las siestas dormidas a la sombra de árboles seculares. Olvidado por el mundo entero, muerta su ama, el gato vivió muchos días tirándose a las paredes, y al cabo pereció como un Ugolino, pero sin un mal hueso que roer siquiera; sintiendo los ratones en las soledades de los desvanes próximos, pero sin poder aliviar el hambre con una sola presa. Primero, furioso, rabiando, bufaba, saltaba, arañaba y mordía puertas y paredes y el hierro de la reja. Después, con la resignación última de la debilidad suprema, se dejó caer en un rincón; y murió tal vez soñando con las mariposas que no podía cazar, pero que alegraban sus días, allá en el Aren, florido por Abril, de fresca hierba y deleitable sombra en sus lindes, a la margen del arroyo que llamaban el río los señores de Susacasa.

CONTENIDOS

Doña Berta 1
Leopoldo Alas «Clarín» 1
    Capítulo I 2
    Capítulo II 4
    Capítulo III 6
    Capítulo IV 9
    Capítulo V 14
    Capítulo VI 21
    Capítulo VII 29
    Capítulo VIII 32
    Capítulo IX 37
    Capítulo X 41
    Capítulo XI 46

Printed in Great Britain
by Amazon